Hanna Blok / Margreet Steiner

Jerusalem

Ausgrabungen in der Heiligen Stadt

Herausgegeben
und mit einem Nachtrag versehen
von Rainer Riesner

BRUNNEN
VERLAG GIESSEN · BASEL

Studien zur Biblischen Archäologie und Zeitgeschichte, Band 4,
herausgegeben von Rainer Riesner und Carsten Peter Thiede

Titel der niederländischen Originalausgabe:
De onderste steen boven

Aus dem Niederländischen von Ulrich Damen
Lektorat: Helmut Jablonski

Bildnachweis:
Hanna Blok: Fotos 7, 11
British School of Archaeology: Fotos 1, 4, 5
Bijbels Museum: Foto 10
Israel Explorations Society: Abb. 7.2
Israel-Museum: Abb. 2.6; Fotos 6, 8, 9
Leen Ritmeyer: Abb. 7.10; 9.4
Martha Ritmeyer: Abb 7.6; 9.2
Z. Radovan: Foto 2

Die Deutsche Bibliothek – CIP-Einheitsaufnahme
Jerusalem : Ausgrabungen in der Heiligen Stadt /
Hanna Blok/Margreet Steiner.
Hrsg. und mit einem Nachtr. vers. von Rainer Riesner.
[Aus dem Niederländ. von Ulrich Damen]. –
Giessen ; Basel : Brunnen-Verl., 1996
(Studien zur biblischen Archäologie und Zeitgeschichte; Bd. 4)
Einheitssacht.: De onderste steen boven <dt.>
ISBN 3-7655-9805-4
NE: Blok, Hanna; Steiner, Margreet; Riesner, Rainer [Hrsg.]; EST; GT

Umschlagfoto: Bas Mazur
Umschlaggestaltung: Ralf Simon
Satz: Die Feder GmbH, Wetzlar
Herstellung: St.-Johannis-Druckerei, Lahr
ISBN 3-7655-9805-4

Inhalt

Geleitwort

Das Jahr 1996 steht im Zeichen des Jubiläums „3000 Jahre Jerusalem". Gefeiert wird eines der möglichen Daten der Eroberung der Stadt durch König David (2Sam 5,6–9). Aus altorientalischen Quellen und durch archäologische Funde wissen wir, daß Jerusalem als kanaanäische Stadt rund tausend Jahre älter ist. Für aufmerksame Bibelleser ist das keine neue Erkenntnis (Jos 15,63; Ri 1,21 vgl. Gen 14,18). Das Jubiläumsjahr führte zum Ausbau und zur großzügigen Neuanlage von archäologischen Parks (G. Avni, Jerusalem as Textbook, Biblical Archaeology Review 22/3, 1996, 36–45. 65). Besonders die archäologischen Überreste der Davidsstadt auf dem Südosthügel wurden besser als bisher zugänglich gemacht. Es gibt also künftig noch mehr Gründe, der Heiligen Stadt einen Besuch abzustatten.

Der vorliegende archäologische Führer kann allen Interessierten helfen, sich im faszinierenden Gewirr der Funde und Epochen zurechtzufinden. Weil es bisher keine deutsche Veröffentlichung gab, die so übersichtlich und zuverlässig unsere heutigen Kenntnisse über das antike Jerusalem zusammenfaßt, hat sich der Brunnen-Verlag erfreulicherweise zur Übersetzung des holländischen Werkes „De onderste steen boven. Opgravingen in Jeruzalem" (Verlag Kok, Kampen 1991) entschlossen.

Die beiden Verfasserinnen – Hanna Blok und Margreet Steiner – sind durch ihre archäologische Arbeit in Jerusalem als Sachkennerinnen ausgewiesen. Frau Steiner ist als Mitarbeiterin von Professor H.J. Franken (Archeologisch Centrum Leiden) an der Auswertung der Ausgrabungen von Lady Kathleen M. Kenyon beteiligt, die am Anfang der modernen Epoche der archäologischen Erforschung Jerusalems stand.

Wie in der neuesten Forschung üblich, wenden die Autorinnen der Alltagskultur besondere Aufmerksamkeit zu. Bei der Verbindung archäologischer Funde mit antiken Quellen wie dem Alten Testament sind sie eher zurückhaltend. Als Herausgeber habe ich gelegentlich in Anmerkungen auf Beispiele hingewiesen, wo man eine etwas optimistischere Sicht vertreten kann.

Weil im holländischen Original Funde bis etwa 1989 berücksichtigt sind, wurde als Schlußkapitel ein kurzer „Nachtrag: Ausgrabungen 1989–1996" (S. 155–168) beigegeben. Darin konnten natürlich nicht alle in den letzten sieben Jahren gewonnenen Erkenntnisse dargestellt werden, sondern ich mußte mich auf einige für Bibelleser besonders interessante Entdeckungen und wissenschaftliche Kontroversen beschränken.

Die Literaturhinweise (S. 169–173) wurden aktualisiert und den Bedürfnissen deutscher Leser angepaßt.

Ein herzlicher Dank für sachdienliche Hinweise gilt den israelischen Archäologen Magen Broshi, Hillel Geva und Zevi Grenhut sowie meinen Freunden Frédéric Manns (Studium Biblicum Franciscanum, Jerusalem) und Karl-Heinz Fleckenstein (Bet Jala), der die Ausgrabungen von Amwas-Emmaus leitet.

Im Juli 1996 Rainer Riesner

Vorwort

Bereits in der Antike zog es Reisende und Pilger nach Jerusalem, um die Spuren der „Heiligen Stätten“ aufzusuchen. Später gesellten sich Forscher mit ihrem mehr historischen Interesse zu ihnen. Im 19. Jh. setzte dann die archäologische Forschung mit Leuten wie Robinson, Wilson und Warren ein. Die Ausgrabungen brachten in der zweiten Hälfte des 20. Jhs. große Fortschritte; seit 1960 haben in Jerusalem verschiedene Ausgrabungskampagnen stattgefunden, wobei viele und wichtige Fakten zur Aufhellung der Geschichte der Stadt ans Tageslicht gefördert wurden.

Wer durch Jerusalem geht, merkt überall, wie lebendig die Vergangenheit ist. Die lange und bewegte Geschichte hat im Stadtbild viele Spuren hinterlassen, die zusammen ein anschauliches Bild der Ereignisse liefern, die sich in und um die Stadt herum zugetragen haben. Dieses Bild ist nicht immer übersichtlich. Deshalb wird sich der interessierte Leser oder Besucher oft Hintergrundinformationen wünschen.

In diesem Buch haben wir den Versuch unternommen, archäologische Erkenntnisse und wichtige Funde zu ordnen und in einer für den Leser verständlichen Weise zu präsentieren. Hierbei haben wir uns besonders von zwei Motiven leiten lassen:

- Wir haben uns bemüht, die Baugeschichte der Stadt so zu beschreiben, daß ein zusammenhängendes Bild der aufeinanderfolgenden Perioden entstehen kann.
- Wir wollten das Material so beschreiben, daß es für Besucher der Stadt wiederzuerkennen ist. Darum haben wir uns vor allem darauf konzentriert, auf noch sichtbare Gebäude, Mauern und Gegenstände hinzuweisen. Die Eignung als „Reiseführer“ ist auch dadurch gegeben, daß im letzten Kapitel eine Übersicht über die sehenswerten archäologischen Monumente geboten wird.

Was die Namen der Orte, Zeiten und Gebiete betrifft, wählten wir – wenn möglich – deutschsprachige Begriffe. Nur manchmal, wenn sich der englische Name eingebürgert hat, haben wir diesen vorgezogen. Der Gebrauch des Namens Palästina hat ausschließlich historische Bedeutung.

Zum Schluß möchten wir dem Zeichner Erick van Driel unseren Dank aussprechen, der für die klaren und schönen Zeichnungen sorgte.

Leiden, 5. Dezember 1990 — Hanna Blok, Margreet Steiner

1. Jerusalem – Jahrhunderte alt

Ein Gang durch Jerusalem ist ein Gang durch eine bewegte Geschichte. Wer z. B. den Mut aufbringt, durch den schmalen, dunklen und 535 m langen Tunnel aus der Regierungszeit König Hiskias um 700 v. Chr. zu waten, stolpert an dessen Ende fast über die Säulen einer byzantinischen Kirche. Wer entlang der Außenmauer um die Altstadt läuft, sieht innerhalb des durchgehenden Mauerwerkes aus dem 16. Jh. viele Segmente aus früheren Perioden. Um die alte Davidsstadt verlaufen sogar noch Teile der Mauern aus der Bronzezeit. Wer meint, alles schon gesehen zu haben, wird immer neu überrascht. Verborgene Ecken, Räume unter Häusern, Zisternen, Mauerstücke: Überall begegnet man der Vergangenheit. Archäologen melden immer wieder neue Funde, neue Entdeckungen, scheinbar ohne Ende.

Für die Vergangenheit dieser Stadt interessieren sich viele Menschen, und dieses Interesse übertrifft bei weitem das für andere Städte und Dörfer. Neben dem historischen und archäologischen Interesse spielt bei Jerusalem die religiöse Bedeutung eine wichtige Rolle. Als heilige Stadt der Juden, der Christen und der Moslems ist Jerusalem schon seit Jahrhunderten ein Pilgerort für die Anhänger dieser Religionen. Jeder Gläubige betrachtet die Stadt als Symbol seines Glaubens und hofft, anschauliche Fakten hierfür vorzufinden.

Wer die ganze Geschichte der Stadt erzählen wollte, würde sich vor eine gewaltige Aufgabe gestellt sehen. Zum einen gibt es die vielen *schriftlichen* Quellen im Blick auf die Geschichte der Stadt und seiner Einwohner. Dieses Material, angefangen bei den ersten Inschriften, wurde auf Ägyptisch, Akkadisch, Hebräisch, Griechisch und Lateinisch, auf Arabisch und in allen Sprachen der Pilger der Jahrhunderte überliefert. Zudem finden wir dort vielerlei Angaben, die für die *Archäologie* hilfreich sein können. Die Funde, die während der Ausgrabungen ans Licht gefördert wurden, erzählen ihre eigene Geschichte, wenn auch deren Interpretation oft zur Diskussion steht.

In diesem Buch wird eine Übersicht der archäologischen Funde Jerusalems gegeben, um so ein Bild der Stadt in den verschiedenen Zeitepochen erstehen zu lassen. Literaturquellen werden hinzugezogen, wenn sie einen Beitrag zur archäologischen Erhellung leisten können. Die ältesten literarischen Hinweise auf Jerusalem sind z. T. die Grundlage zum Auffinden archäologischer Funde. So wird Jerusalem auf den Amarnatafeln aus dem 14. Jh. v. Chr. genannt, und auf dem Prisma des Sanherib findet sich eine Beschreibung der Belagerung Jerusalems durch diesen König ca. 700 v. Chr. Außerdem gibt es Inschriften aus Gräbern und Namen auf Siegeln, wie sie beispielsweise bei Ausgrabungen in der Davidsstadt gefunden wurden.

Die ausführlichste literarische Quelle zur frühen Stadtgeschichte bilden das Alte und Neue Testament. Bei der Interpretation dieser Texte muß man jedoch Vorsicht walten lassen. Die Bibel ist ein religiöses Dokument, kein modernes Geschichtsbuch. Darum besteht zu vielen biblischen Texten kein einziger historischer oder archäologischer Anknüpfungspunkt. So hat man niemals einen nachweisbaren Stein des Salomonischen Tempels gefunden, obwohl er doch im Alten Testament und in den biblischen Beschreibungen der Geschichte Israels eine so herausragende Rolle spielt. Man kann sich aber aufgrund der Beschreibungen im Alten Testament und aufgrund historischer Parallelen außerhalb Jerusalems und Israels ein Bild von ihm machen.

Oft ist es schwierig, mit Bestimmtheit anzugeben, wann die biblischen Berichte abgefaßt wurden und welche Absicht die Autoren damit hatten. Was wollte der Autor des Samuelbuches uns mitteilen, wenn er erzählt, daß David Jerusalem erobert hat? Vielleicht schrieb er diesen Bericht Jahrhunderte später während der Babylonischen Gefangenschaft, hervorgerufen durch die Sehnsucht nach der davidischen Königsherrschaft über Jerusalem oder im Blick auf den Tempel Salomos.

Erst bei archäologischen Funden ab etwa dem 8. Jh. v. Chr. können biblische Berichte öfter als historischer Hintergrund dienen: So der Wassertunnel zur Zeit des Königs Hiskia um 700 v. Chr., der von der Gihon-Quelle in Richtung des Siloah-Teiches gehauen wurde, und die gefundenen Speerspitzen als Zeugen der Eroberung der Stadt durch die Babylonier im Jahre 587 v. Chr. In solchen Fällen kann eine gemeinsame Betrachtung von Texten und Ausgrabungen sinnvoll sein.

Jerusalem – eine Besonderheit

Zunächst gab es unter Archäologen wenig Interesse an Ausgrabungen im „Heiligen Land“. Die ägyptischen Monumente und die Paläste des alten Mesopotamien konnten die Phantasie mehr beflügeln und brachten bemerkenswerte Funde, mit denen man in den Museen der Welt zu Ruhm gelangen konnte. Wer etwa den Louvre in Paris, das Britische Museum in London oder auch das Berliner Pergamon-Museum besucht, wird hierfür noch immer sichtbare Hinweise finden.

Das Gebiet Alt-Israels, das in der Archäologie im allgemeinen mit Palästina bezeichnet wird, war in archäologischer Hinsicht im Vergleich zu den umliegenden Ländern wenig spektakulär. Tempel und Paläste fehlten; das Verbot zur Darstellung von Menschen und Tieren bewirkte, daß die Mehrzahl der Funde kaum Informationen über das Alltagsleben lieferte. Eine Vielzahl von Funden aus Palästina besteht aus Ton; in den großen Museen Europas findet man sie nur sporadisch.

Der einzige Ort, bei dem eine Ausnahme gemacht wurde, war Jerusalem; hatte man hier doch eine berechtigte Hoffnung auf Funde, welche die religiöse Bedeutung der Stadt untermauern würden. Seit Mitte des 19. Jhs. wurde hier archäologische Forschung betrieben. Die Grabungen gingen vor allem von englischen, französischen und amerikanischen archäologischen Einrichtungen aus. Seit 1967 spielen auch das Israelische Departement für Altertümer und die israelischen Universitäten eine wichtige Rolle.

In den Jahren zwischen 1961 und 1967 hat die britische Archäologin Kathleen Kenyon die Davidsstadt auf dem südöstlichen Hügel südlich des Tempelplatzes untersucht. Als sie 1978 starb, war der größte Teil dieser Ausgrabungen wissenschaftlich noch nicht ausgewertet. H.J. Franken, bis 1984 Professor für Palästinische Altertumskunde an der Universität Leiden und Mitarbeiter bei den Ausgrabungen von Kenyon in Jericho, arbeitet an der Aufarbeitung und Publikation der Kenyon'schen Jerusalem-Grabungen. Hierdurch verfügt man in Leiden über eine große Zahl von Funden aus Jerusalem, insbesondere aus der Eisenzeit. Die Autorinnen sind dankbar, daß sie diese Informationen in dieses Buch einbringen können.[1]

Israelische Ausgrabungen

Seit 1967 wurden durch israelische Archäologen großangelegte Grabungen in drei verschiedenen Bereichen Jerusalems ausgeführt: rund um den Tempelberg, auf dem Westhügel innerhalb der ummauerten Stadt und in der Davidsstadt.

1 H.J. Franken & M.L. Steiner, *Excavations in Jerusalem 1961–1967, Vol. II. The Iron Age Extramural Quarter on the South-east Hill*, Oxford 1990.

Zunächst konzentrierte B. Mazar sich auf das Gebiet westlich und südlich des Tempelberges; im Jahre 1974 begann N. Avigad mit den Ausgrabungen auf dem Westhügel, und schließlich unternahm Y. Shiloh von 1978 bis 1985 Grabungen auf dem Südosthügel, der alten Davidsstadt. Wie Kapitel 2 zur Geschichte der Ausgrabungen in Jerusalem zeigen wird, waren an diesen Orten bereits vorher Ausgrabungen oder entsprechende Versuche dazu unternommen worden.

Ein großer Teil dieser Ausgrabungen ist auf vorbildliche Weise der Öffentlichkeit zugänglich gemacht worden. In archäologischen Parks, entlang der Mauern des Tempelplatzes und im neuerrichteten jüdischen Viertel sind Mauern, restaurierte Häuser, Straßen und Wasserinstallationen aus verschiedenen Perioden, mancherorts mit Erklärungen, anzutreffen.

Diese Ausgrabungen haben in wichtigem Maße zur Kenntnis der Stadt, vor allem über die späte Eisenzeit und die Jahrhunderte rund um die Zeitenwende, beitragen können.

Inhalt des Buches

Folgende Themen werden behandelt:

- Im ersten Kapitel wird der Rahmen des Buches beschrieben. Zur Orientierung gibt es eine Übersicht der Stadtgeschichte.
- Kapitel 2 enthält eine Übersicht über die wichtigsten Ausgrabungstätigkeiten, angefangen bei den bedeutendsten Pionieren wie Warren und Wilson. Bei der Behandlung der verschiedenen Expeditionen wird auch den unterschiedlichen Ausgrabungsmethoden Aufmerksamkeit geschenkt.
- Die Kapitel 3 bis 9 geben eine Beschreibung der archäologischen Fakten in Jerusalem während der folgenden Zeitepochen: Bronzezeit (3), Eisenzeit (4), Persische Zeit (5), Hellenistische Zeit (6), Herodianische Zeit (7), Römische Zeit (8) und Byzantinische Zeit (9).
- Kapitel 10 liefert eine zusammenfassende topographische Übersicht der Baugeschichte Jerusalems. Anhand von Karten mit einer Reihe von festen Punkten wird deutlich, welche Teile der Mauern und Bebauung mit großer Wahrscheinlichkeit zu einer bestimmten Periode gerechnet werden können.
- Um deutlich zu machen, daß das Buch auch als brauchbarer Führer für die überall in der Stadt anzutreffenden archäologischen Denkmäler ver-

standen sein will, gibt es hierzu Informationen in Kapitel 11. Hier findet man praktische Mitteilungen zur Erreichbarkeit, zu Öffnungszeiten und eine Übersicht über die Funde, die die verschiedenen Museen ausstellen. Angesichts der fortschreitenden archäologischen Ausgrabungen kann es sich hier nur um eine Momentaufnahme handeln; die Fakten sind bis 1990 aktualisiert.[2]

Beschränkung

Das Buch endet mit der byzantinischen Zeit und der Einnahme der Stadt durch die Omajjaden im 7. Jh. n. Chr. Dies ist jedoch keineswegs das Ende der Geschichte Jerusalems. Auch von den darauffolgenden Zeitperioden existieren noch viele Ausgrabungsreste. Der künstliche Schnitt in diesem Buch ist notwendig, um den Umfang des Buches nicht ausufern zu lassen.

Es gibt noch eine weitere Einschränkung hinsichtlich der Beschreibung archäologischer Funde. So fehlt, bis auf einige wichtige Ausnahmen, eine systematische Übersicht der zahlreichen Grabstätten in der Stadt und um Jerusalem herum. Oft bilden sie eine wichtige Quelle der Information, weil sie aufgrund von Inschriften und Funden gut zu datieren sind.

Auch fehlt eine Darstellung der verschiedenen komplizierten und interessanten öffentlichen Einrichtungen zur Wasserversorgung der Stadt. Man könnte dem Bericht über die genialen Tunnelanlagen für das Wasser der Gihon-Quelle (Kapitel 3 und 4) noch viele weitere Beispiele hinzufügen.

Geschichte im Überblick

Jerusalem besitzt eine bewegte Geschichte. Zahlreiche Herrscher verschiedener Völker folgten einander; oft wurde die Stadt zum Kriegsschauplatz, und damit gingen Zerstörungen einher. An vielen Stellen sind hiervon noch Spuren zu erkennen. In der dichtbevölkerten Stadt liegen oft verschiedene Bebauungslagen übereinander. Durch die Einteilung in historische Epochen bei der Beschreibung der Funde (Kapitel 3 bis 9) und mit Hilfe von Karten (Kapitel 10) wird versucht, alles übersichtlich zu gestalten.

---

2 Vgl. aber den „Nachtrag: Ausgrabungen 1989–1996“ (S. 155–168) [Anm. des Hrsg.]

Im gesamten Buch finden sich Namen und Jahreszahlen, die für die Geschichte Jerusalems von Bedeutung sind. Darum wurde in dieses Kapitel eine Übersicht der wichtigsten archäologischen Zeitabschnitte aufgenommen und mit einer Auflistung wichtiger geschichtlicher Fakten der Stadt verbunden. Dabei werden auch eine Reihe von Baumaßnahmen erwähnt. Die Übersicht ist grob aufgebaut, weil sie nur einen Orientierungsrahmen für das Lesen der vielen, oft sehr ereignisreichen Abschnitte geben will. Die Fakten für diese Übersicht sind archäologischen Funden und historischem Material entnommen.

Bei Einführungen zur Geschichte Israels ist es üblich, neben den gebräuchlichen archäologischen Einteilungen von Zeitperioden entsprechend dem verwendeten Material (Stein, Bronze, Eisen), diese Perioden noch mit Namen zu versehen, die historische Verweise zur Bevölkerung oder zu Machthabern bilden (kanaanitisch, israelitisch). In der folgenden Übersicht geben wir beide Angaben. Bei Zeitangaben der alttestamentlichen Perioden wurde die Chronologie aus der Darstellung der Geschichte Israels von H. Jagersma verwendet.[3]

Bronzezeit* oder *Kanaanitische Periode, ca. 3100–1200 v.Chr.

ca. 3100 v. Chr.	Früheste archäologische Gegebenheiten zur Stadt.
18. Jh.	Teile einer Stadtmauer aus der Bronzezeit. Erste Erwähnungen Jerusalems in ägyptischen Verwünschungstexten sprechen von einer kanaanitischen Stadt.
14. Jh.	Jerusalem wird in den El-Amarnabriefen erwähnt.
Ende 13./ Anfang 12. Jh.	Bau einer Zitadelle über der Quelle.

Eisenzeit* oder *Israelitische Periode, 1200–587 v. Chr.

10. Jh.	David erobert die Stadt von den Jebusitern und macht sie zu seiner Hauptstadt. Bau einer Befestigung entlang der Anhöhe der Davidsstadt.
961–932	Regierung Salomos: Salomo erweitert die Stadt im Norden und beginnt mit dem Bau des Tempels.
715–697	Regierung Hiskias, König von Juda. Ausweitung der Stadt über den Westhügel. Hiskia läßt das

3 *Israels Geschichte zur alttestamentlichen Zeit,* Konstanz 1982; *Israels Geschichte II: Von der hellenistischen bis zur römischen Zeit,* Konstanz 1987.

	Wasser durch einen Tunnel zum Siloah-Teich leiten, um so die Wasserversorgung zu sichern.
587	Nebukadnezar von Babylon nimmt die Stadt ein, zerstört Mauern und Tempel und führt Teile der Bevölkerung in die Gefangenschaft nach Babel.

Babylonische* und *persische Zeit, 587–333 v. Chr.

587–538	Babylonische Gefangenschaft
538	Der persische König Kyrus gibt den Gefangenen die Erlaubnis zur Rückkehr nach Jerusalem.
520	Beginn des Wiederaufbaus des Tempels.
445	Wiederaufbau der Mauern um die Davidsstadt unter der Leitung Nehemias.

Frühhellenistische Periode, 333–164 v. Chr.

333	Alexander der Große erobert das Perserreich; Jerusalem kommt unter die Herrschaft der Griechen.
312–198	Regierung der ägyptischen Ptolemäer-Dynastie.
198–167	Jerusalem wird von der griechisch-syrischen Dynastie der Seleukiden regiert.
169	Antiochus IV. Epiphanes plündert die Stadt und entweiht den Tempel. Bau der sog. Akra (Burg).

Periode der Hasmonäer* oder *Makkabäer, 164–63 v. Chr.

164	Die Hasmonäer oder Makkabäer erobern Jerusalem zurück; Neueinweihung des Tempels. Bau der „Ersten Mauer".
141	Verwüstung der Akra.
63	Der römische Feldherr Pompejus besetzt Jerusalem.

Herodianische Periode, 63 v. Chr.–70 n. Chr.

37–4 v. Chr.	Regierung von Herodes dem Großen, König von Judäa. Bau der Burg Antonia und eines Palastes; Umbau des Tempels, Stützung der Zitadelle.
41 n. Chr.	Agrippa I., König von Judäa, Enkel von Herodes dem Großen, baut die „Dritte Mauer".
66–70	Jüdischer Aufstand gegen die Römer.
70	Der römische Feldherr Titus nimmt Jerusalem ein. Zerstörung des Tempels.

Römische Zeit, 70–324 n. Chr.

132	Unter der Führung Bar Kochbas vertreiben die Juden die Römer.
135	Der römische Kaiser Hadrian nimmt Jerusalem erneut ein. Er verbietet den Juden den Zugang zur Stadt und gibt dieser den neuen Namen: Aelia Capitolina. Neueinteilung der Stadt; Beginn der Anlage des Cardo. Römisches Forum auf dem Westhügel.

Byzantinische Zeit, 324–638 n. Chr.

324	Kaiser Konstantin von Byzanz erobert die durch die Römer besetzte Stadt.
336	Konstantin errichtet die Grabeskirche.
361	Julian Apostata erlaubt den Juden die Rückkehr in die Stadt und den Wiederaufbau des Tempels.
443–460	Kaiserin Eudokia stellt die Mauern der Stadt wieder her. Sie läßt zwei Kirchen errichten, eine am Damaskus-Tor, die andere am Siloah-Teich.
527–565	Bau der Neakirche unter Justinian und Bau des byzantinischen Cardo.
614	Der Sassanidenkönig Chosroes II. belagert Jerusalem und richtet große Zerstörungen an.
628	Byzantiner können die Stadt rückerobern.

Frühislamische Periode, 638–1099 n. Chr.

638	Jerusalem wird vom Kalifen Omar eingenommen. Die El-Aksa-Moschee wird auf dem Haram esch-Scharif, dem früheren Tempelgebiet, errichtet.
691	Vollendung der Kuppel des Felsendoms durch Kalif Abd el Malik.

Königreich der Kreuzfahrer, 1099–1187 n. Chr.

1099	Unter der Führung des Gottfried von Bouillon nehmen am 14.7.1099 die Kreuzritter Jerusalem ein. Gottfrieds Bruder Balduin wird König von Jerusalem, in dem keine Juden und Moslems leben dürfen.
1187	Der islamische Kalif Saladin erobert Jerusalem. Moslems und Juden kehren zurück.

Periode der Mameluken, 1250–1517 n. Chr.

1267	Unter den Mameluken werden die Stadtmauern wiederhergestellt und Jerusalem durch viele Bauwerke verschönert.

Periode der Ottomanischen Türken, 1517–1917

1517	Der türkische Sultan Salim I. nimmt Jerusalem ein.
1537	Sultan Suleiman der Prächtige stellt die Stadtmauern in der heutigen Form wieder her.

Britisches Mandat, 1917–1948

1917	Das britische Heer unter Führung General Allenby's zieht in Jerusalem ein.
1947	Im Teilungsplan der UNO wird für Jerusalem von einem eigenständigen internationalen Status gesprochen.

1948 bis heute: Israel und Jordanien

1948	Nach dem Unabhängigkeitskrieg wird Jerusalem durch eine Mauer in einen jordanischen und einen israelischen Teil getrennt.
1967	Durch den Sechs-Tage-Krieg kommt es zur Wiedervereinigung der Stadt. Der jüdische Stadtteil wird neu aufgebaut. Jerusalem breitet sich über die umliegenden Hügel aus.
1993	Abkommen von Oslo zwischen dem Staat Israel und der Palestine Liberation Organisation (PLO). Während für den Gaza-Streifen und die sogenannte West-Bank Autonomie vereinbart wird, bleibt die Frage nach dem künftigen Status von Jerusalem ausgeklammert.

2. Geschichte der archäologischen Forschung in Jerusalem

Die ersten Ausgrabungen, die in Jerusalem durchgeführt wurden, gehen auf das Jahr 1863 zurück. In diesem Jahr legte der Franzose *F. de Saulcy* die „Königsgräber“ frei, um einige schöne Objekte für den Louvre zu sammeln. Jenes Monument stammt aus dem 1. Jh. n. Chr., aber de Saulcy dachte, es handele sich um die Gräber der judäischen Könige, was ihnen den Namen gab. Seine Arbeit, auch wenn sie aus heutiger archäologischer Sicht in nicht zu verantwortender Weise geschah, illustriert das nach den großen Entdeckungen in Ägypten und Mesopotamien in wissenschaftlichen Kreisen entstandene Interesse am Heiligen Land.

Die nachfolgende Übersicht der Untersuchungen, die seitdem in Jerusalem durchgeführt wurden, nennt viele berühmte Namen, ist aber nicht vollständig. Nur die großen Grabungskampagnen werden beschrieben, die vielen anderen müssen aus Platzgründen ungenannt bleiben. Eine vollständigere, aber sehr schematische Übersicht aller Ausgrabungen findet sich in dem Buch von Y. Yadin (Hrsg.), *Jerusalem revealed.*[1]

Im Jahre 1865 wurde in England eine wissenschaftliche Vereinigung mit dem Ziel ins Leben gerufen, „die Archäologie, Topographie, Geologie und physische Geographie, sowie die Gewohnheiten und Bräuche im Heiligen Land zur Veranschaulichung der Bibel genau und systematisch zu untersuchen“. Dies war der *Palestine Exploration Fund* (P.E.F.), den es noch heute gibt.

Eine der ersten in Angriff genommenen Aufgaben war die Erforschung der Wasserversorgung des antiken Jerusalem, um damit auch seine damalige Situation zu verbessern. Hierzu benötigte man einen genauen Stadtplan. Diese Untersuchung wurde von Kapitän *Ch. Wilson* durchgeführt.

1867 kam *Ch. Warren* im Namen der P.E.F. mit dem Spezialauftrag nach Jerusalem, die Mauern des „Haram esch-Scharif“, des großen Platzes mit dem Felsendom und der El-Aksa-Moschee, auf dem einmal der herodianische Tempel gestanden hatte, zu erforschen. Er wollte untersuchen, aus welcher Zeit diese Mauern stammen. Da ihm jedoch seitens der türki-

1 Jerusalem 1976. Dieses Werk ist nun fortgeführt und ergänzt durch H. Geva (Hrsg.), *Ancient Jerusalem Revealed*, Jerusalem 1994. Vgl. auch B. Mazar u. a., Jerusalem, in: E. Stern, *The New Encyclopedia of Archaeological Excavations in the Holy Land* II, Jerusalem – New York 1993, S. 698–804 [Anm. des Hrsg.].

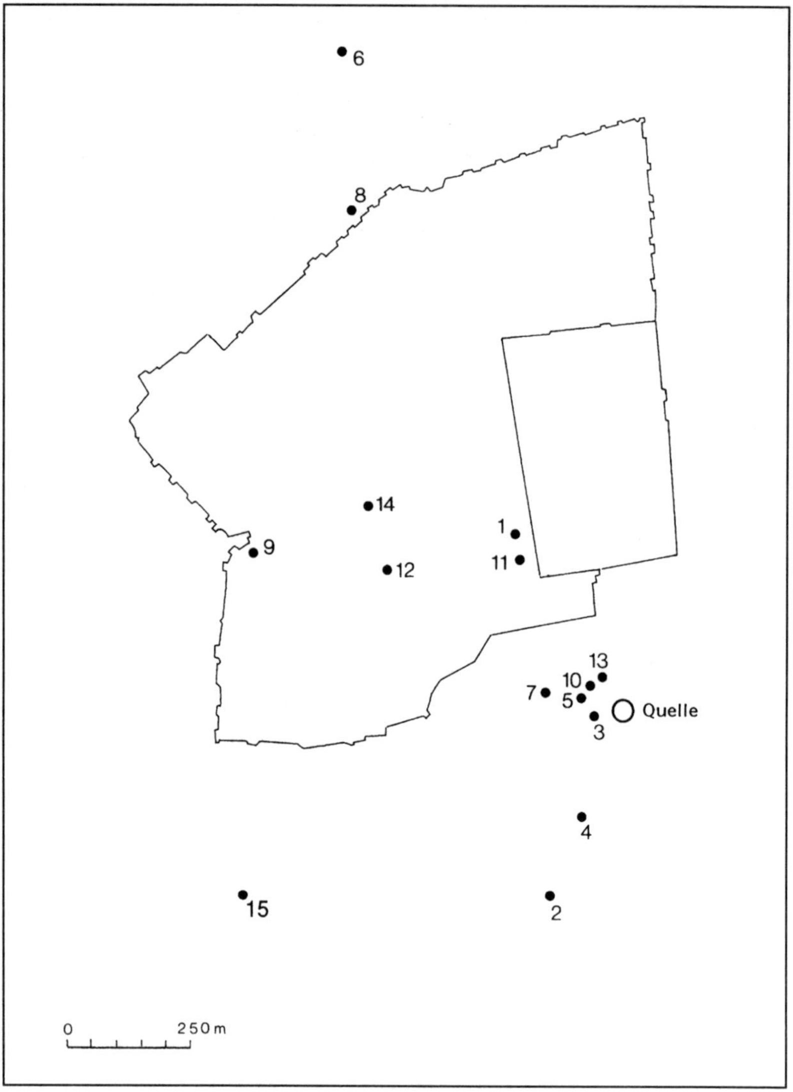

Abb. 2.1
Übersicht der wichtigsten Ausgrabungen in Jerusalem

1. Warren
2. Bliss & Dickie
3. Parker
4. Weill
5. Macalister
6. Sukenik & Mayer
7. Crowfoot
8. Hamilton
9. Johns
10. Kenyon
11. Mazar
12. Avigad
13. Shiloh
14. Lux
15. Pixner, Chen, Margalit

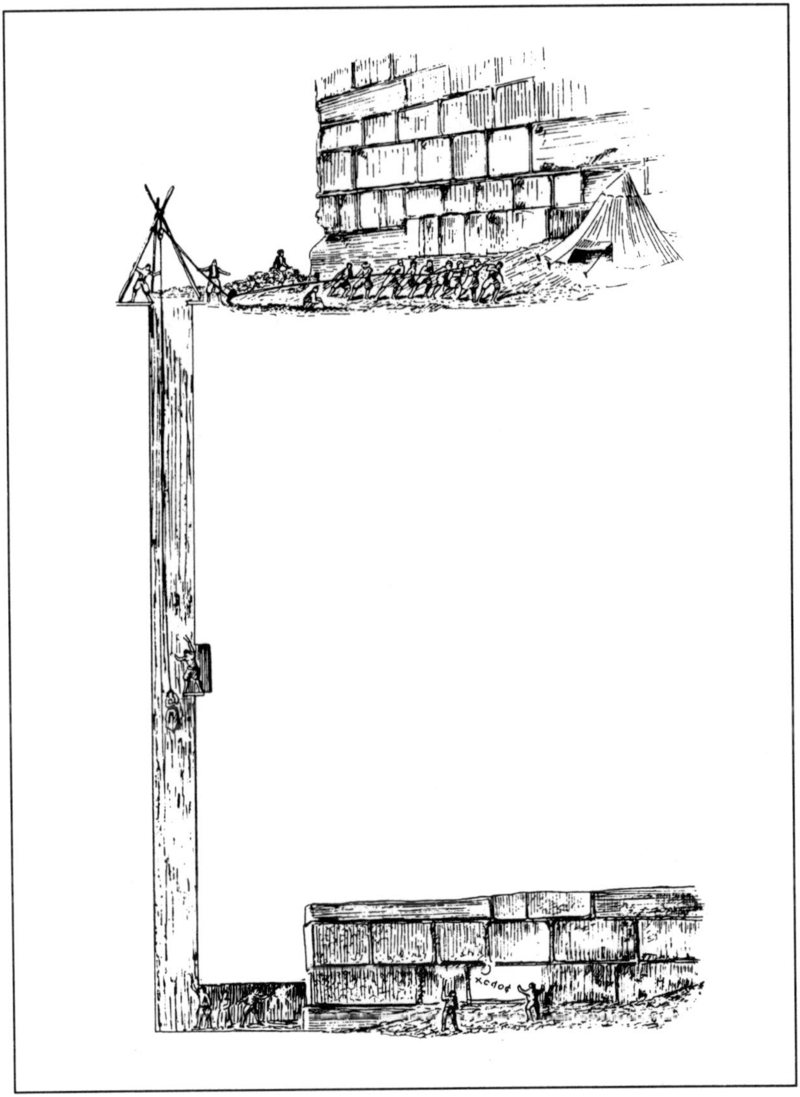

Abb. 2.2
Die Ausgrabungen von Ch. Warren entlang der Stützmauer des Tempelplatzes. Eine Besucherin wird vorsichtig in einen der Schächte herabgelassen; im Tunnel wird beim Schein von Laternen eine gerade entdeckte Inschrift gezeigt.

schen Behörden nicht gestattet wurde, entlang der Mauern des Tempelplatzes zu graben, mußte er auf das Anlegen unterirdischer Schächte und Gänge ausweichen. Durch die Abbildung 2.2 läßt sich nachvollziehen, wie dies funktionierte. So hat Warren große Teile der Umfassungsmauer gründlich kartiert. Die Umfassungsmauern waren durch Herodes den Großen gebaut worden, aber Warren ging davon aus, er habe die Mauern des salomonischen Tempels gefunden. Zwei seiner Schächte sind noch heute unter dem Wilsonbogen zu sehen. Er fand den ältesten Wassertunnel Jerusalems, der seitdem der „Warren-Schacht" genannt wird, und kroch durch den Siloah-Tunnel, den König Hiskia hatte aushauen lassen.[2]

Neben einigen wissenschaftlichen Berichten veröffentlichte Warren 1876 sein Buch *Underground Jerusalem*, das noch heute wegen der Beschreibung seiner Ausgrabungen und der Einwohner Jerusalems fasziniert.

In Deutschland war 1877 der *Deutsche Verein zur Erforschung Palästinas* gegründet worden, der im Jahre 1881 *H. Guthe* nach Jerusalem schickte, um den Verlauf der Stadtmauern in der Zeit der Könige von Juda zu erforschen. Er konzentrierte sich auf den Südosthügel, da man inzwischen wußte, daß hier der älteste Teil Jerusalems lag. Guthe grub vielerorts Tunnel, aber seine Funde waren so fragmentarisch, daß seine Untersuchung nicht viel einbrachte.

Andere große Namen dieser Anfangszeit der archäologischen Erforschung Jerusalems sind die des Franzosen *Ch. Clermont-Ganneau* und des Deutschen *Conrad Schick*.

Clermont-Ganneau war ein Diplomat, der in seiner Freizeit viele Untersuchungen durchführte. Er fand u. a. 1872 die berühmte griechische Inschrift aus dem herodianischen Tempel, auf der den Nichtjuden das Betreten des Tempelkomplexes untersagt wurde (Abb. 2.3).

Conrad Schick arbeitete mehr als ein halbes Jahrhundert als Architekt in Jerusalem, wobei er während des Bauens stets alles untersuchte, was ihm an architektonischen Überresten begegnete. Er nahm auch an den Untersuchungen von Wilson teil.

Eine Kopie der oben genannten Inschrift und ein von Schick erbautes Modell des Tempelberges findet sich im Biblischen Museum in Amsterdam.[3]

---

2 Als erster Europäer der Neuzeit durchquerte der Amerikaner E. Robinson 1838 den Siloah-Tunnel [Anm. des Hrsg.].

3 Ein weiteres Modell des Tempelberges befindet sich im Theologischen Seminar von St. Chrischona bei Basel, wo Conrad Schick seine theologische Ausbildung erhielt. Vgl. A. Strobel, *Conrad Schick. Ein Leben für Jerusalem*, Fürth 1988 [Anm. des Hrsg.].

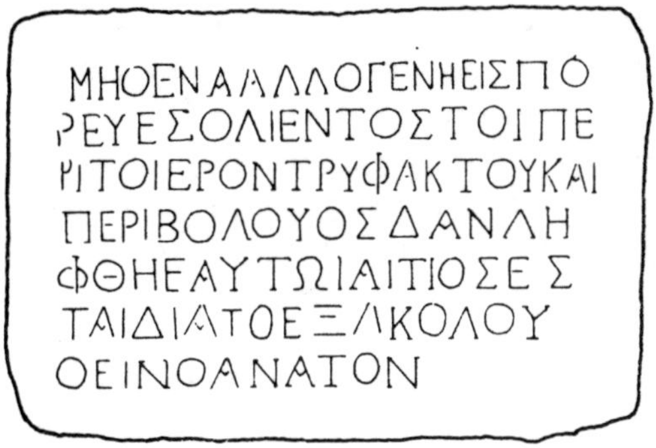

Abb. 2.3
Im Jahre 1871 durch C. Clermont-Ganneau entdeckte Inschrift. Dieser Text war an einem der Zugänge zum Tempelvorhof angebracht und warnte Nichtjuden vor dem Betreten des Tempels. Die Übersetzung des griechischen Textes lautet: „Kein Fremder darf hinter die Abtrennung und in das Gebiet des Heiligtums kommen. Wer dort doch angetroffen wird, ist selber Ursache für den Tod, der darauf folgen wird."

Von 1894 bis 1897 wurden durch den P.E.F. unter der Leitung des Archäologen *F.J. Bliss* und des Architekten *A.C. Dickie* neue Grabungen vorgenommen. Auch sie legten Schächte wie Warren an. Offensichtlich war das Anlegen von Schächten eine gute Methode, da man auf diese Weise kein Land ankaufen oder auf bestehende Gebäude Rücksicht nehmen mußte. Außerdem brauchte man nicht durch tonnenschweren Schutt zu graben, bevor man bei einer interessanten Lage ankam. Wir können uns heute kaum mehr vorstellen, unter welch schwierigen Umständen diese Methode des Grabens durchgeführt werden mußte: Erstellen von Zeichnungen bei Kerzenlicht; die ständige Einsturzgefahr; Schutt, der über weite Strecken nach draußen geschleppt werden mußte.

Auch Bliss suchte die Stadtmauern des alten Jerusalem, vor allem am Südpunkt der Stadt, wo das Hinnom- und das Kidrontal zusammenlaufen. Er fand u. a. eine herodianische Straße, eine große Stadtmauer aus der herodianischen oder der byzantinischen Zeit und die byzantinische Kirche über dem Siloah-Teich. Er legte zwar genaue Karten an und lieferte gute Beschreibungen der Mauern, tat sich aber mit einer zeitlichen Festlegung der Mauern schwer. Zwar kannte Bliss das Prinzip der Datierung anhand von Tonscherben, da er mit W. Flinders Petrie auf dem Tell El Hesi gearbeitet hatte, doch hielt er die Schichtung in Jerusalem für zu gestört, um den Tonscherben überhaupt einen Aussagewert zuzumessen, weswegen er diese auch kaum beschrieb. Dies macht eine Kontrolle seiner Schlußfolgerungen schwierig.

Die Arbeit von Bliss und Dickie läßt sich jedoch aufgrund ihres großen Umfangs und auch wegen ihrer Genauigkeit als für die Archäologie Jerusalems wichtig einstufen. Den von ihnen gegrabenen Gängen und Schächten begegneten spätere Forscher immer wieder.

Von 1909–1911 gab es eine weitere britische Ausgrabung, dieses Mal unter der Leitung von *M. Parker.* Auch er arbeitete mit Hilfe von Tunnelschächten auf dem Südosthügel. Parker suchte die Gräber der Könige von Juda, die er im übrigen nicht fand, und unternahm eine ausführliche Untersuchung im Warren-Schacht. Er mußte jedoch Hals über Kopf vor den türkischen Behörden fliehen, als er beim nächtlichen Tunnelgraben unter dem Haram esch-Scharif ertappt wurde.

Glücklicherweise hatte er im Frühstadium den französischen Archäologen *Pater L.-H. Vincent* von der École Biblique in Jerusalem eingeschaltet, der die Resultate der Ausgrabungen in *Jerusalem sous Terre* publizierte. Hierin gab es erstmalig einen guten Lageplan der alten Wasserversorgungssysteme, eine Karte, die noch heute Verwendung findet.

Der Franzose *R. Weill* begann 1913 mit einer großangelegten Grabung. Er war in Jerusalem der erste, der eine Fläche von oben nach unten freilegte. Dies war eine große Verbesserung gegenüber der alten Schacht-Methode, weil man nun ganze Gebäude freilegen konnte und so gute Karten über ein größeres Gebiet erhielt. Weill widmete jedoch der schwierigen Situation auf dieser Anhöhe zu wenig Aufmerksamkeit; viele Mauerreste wurden durcheinandergemischt angetroffen, wodurch eine Unterscheidung der zusammengehörenden Gebäudemauern recht schwierig wurde.[4] Außerdem steckte die Erforschung von Tonscherben noch in den Kinderschuhen, wodurch die Datierung vieler von ihm gefundener Gebäude im unklaren blieb.

Sein Arbeitsfeld war der Südteil des Südosthügels. Er fand Stadtmauern, eine Reihe von Türmen, eine große Treppe und mehrere Gräber. Es ist jedoch schwer, seine Funde zu interpretieren. Der spektakulärste Fund waren die „Königsgräber“: Zwei lange Tunnel, die über eine Länge von 16 m horizontal in den Felsen geschlagen waren (Abb. 2.4). Diese Tunnel

4 Vgl. V. Fritz, Einführung in die biblische Archäologie, Darmstadt [2]1993 [Anm. des Hrsg.].

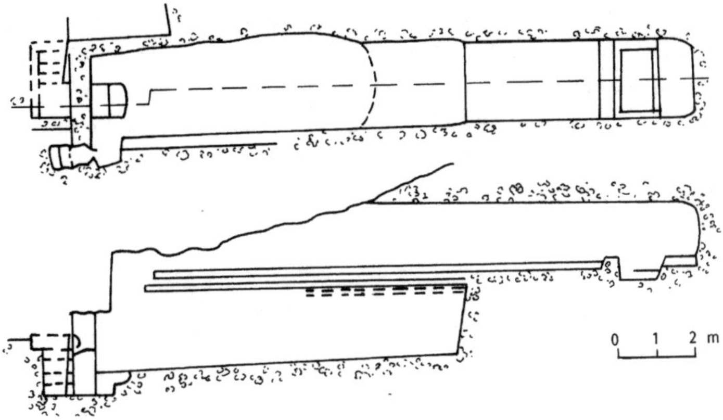

Abb. 2.4
Querschnitt durch zwei Tunnel, die R. Weill für die Gräber der Könige von Juda hielt.

lassen sich mit keinem anderen Fund vergleichen. Hier wurde nichts gefunden, und sie waren teilweise durch das Aushauen von Steinen als Baumaterial in der römischen Zeit beschädigt. Nach Meinung Weills waren dies die Gräber der Könige des Hauses David, die nach dem Alten Testament *in* der Stadt lagen (1Kö 2,10; 11,43). Weill interpretierte seine Funde oftmals anhand der Bibel.

Er leitete eine andere Ausgrabung von 1923–1924, auch an der Südseite des Südosthügels, wobei u. a. eine Stadtmauer mit einem Tor und einem viereckigen Turm, wahrscheinlich aus der Eisenzeit, gefunden wurde; ein runder Turm aus hellenistischer Zeit; eine große Grube mit vielen menschlichen Gebeinen aus der Eisenzeit, möglicherweise das Ergebnis des Abräumens eines Gräberfeldes, und die Reste einer Synagoge vom Ende der herodianischen Zeit (ca. 65 n.Chr.) mit der Theodotos-Inschrift (Foto 3).

Als England nach dem Ersten Weltkrieg das Mandat über Palästina erhielt, entstand ein neues Interesse an der archäologischen Forschung in diesem Raum. Der Palestine Exploration Fund begann 1923 mit einer Kampagne unter der Leitung von *R.A.S. Macalister*, der sich aufgrund seiner Ausgrabungen in Gezer bereits einen Namen gemacht hatte. Er trug in Jerusalem große Teile der Spitze des Südosthügels ab (graben mit Hilfe von Tunneln und Schächten war nun vollends aufgegeben) und fand eine

Reihe von Stadtmauern mit einem Turm, welche seiner Meinung nach von David und Salomo gebaut worden waren. Auch er interpretierte seine Funde anhand der Bibel. Wenn er beispielsweise in einer Mauer, die er Salomo zuschrieb, eine jüngere Stelle fand, dann suchte er in der Bibel nach Hinweisen, wer die Stadtmauer Jerusalems repariert haben könnte. Außerdem hatte er ein großes Augenmerk für den Wert von Tonscherben als Datierungsmittel.

Von 1925–1927 wurde von seiten der *Palestine Jewish Exploration Society* eine Ausgrabung unter Leitung der Archäologen *E.L. Sukenik* und *L.A. Mayer* durchgeführt. Sie förderten ein Stück der Stadtmauer im Norden Jerusalems zutage. Noch immer tobt die Debatte, ob dies die „Dritte Mauer“ aus der herodianischen Zeit sei. Sukenik wird als der „Erzvater“ der späteren israelischen Archäologie angesehen.

Im Jahre 1927 wurde *J.W. Crowfoot,* der damalige Direktor der Britischen Schule für Archäologie, durch den P.E.F. eingeladen, die Arbeit Macalisters auf dem Südosthügel Jerusalems fortzusetzen. Er wählte für seine Untersuchung den westlichen Abhang dieses Hügels, wo er von oben nach unten einen langen Graben grub. Dies war eine damals oft angewandte Technik. Auf diese Art bekommt man eine gute Übersicht der einander folgenden Bebauungslagen. Von Nachteil war, daß man so im Vergleich zu den großen freigelegten Flächen Weills und Macalisters nur einen kleinen Teil ausgrub.

Crowfoot fand in seinem Graben eine Stadtmauer und ein imposantes Tor. Nach seiner Meinung stammte das Tor aus der Zeit der Jebusiter, also aus der späten Bronzezeit. Neben dem Tor fand er einen Schatz von ca. 300 makkabäischen Münzen, was Kenyon zu der Schlußfolgerung veranlaßte, daß auch das Tor aus der Zeit der Makkabäer stammen müsse (2. Jh. v. Chr.).

In den Jahren 1931 und 1937/38 wurde unter der Leitung von *H.W. Hamilton* eine Untersuchung am Damaskus-Tor und am Herodes-Tor durchgeführt, beide in der Nordmauer der Altstadt. Bei diesen Ausgrabungen wurde erstmalig der stratigraphischen Schichtung Aufmerksamkeit geschenkt. Hierbei wird genau darauf geachtet, ob ein Mauerstück ebenso alt ist wie das Tor, an welches es gebaut ist; welche Böden genau dazugehören; ob Teile der Mauer neu erbaut sind usw. So kann die Bebauungsgeschichte eines Gebietes genau rekonstruiert werden. Ein Nachteil ist der Zeitaufwand, so daß man meist ein nicht sonderlich großes Terrain freilegen kann. Aber viel besser als bei den früheren Methoden kann für die freigelegten Bereiche der genaue Kontext ermittelt und eine präzise Datierung vorgenommen werden.

Hamilton fand ein Stadttor aus der römischen Zeit, welches jetzt als Zugang zu einem kleinen Museum am Damaskus-Tor dient.

Durch *C.N. Johns* wurde von 1934–1940 eine Grabung in der Zitadelle nahe des Jaffa-Tors durchgeführt. Man wußte bereits durch den jüdischen Geschichtsschreiber Josephus (37 bis ca. 100 n.Chr.), daß hier ein Palast des Herodes mit den großen Türmen Hippicus, Phasael und Mariamne gestanden hatte. Johns konnte dies durch seine genaue stratigraphische Ausgrabungsmethode bestätigen. Außerdem fand er Mauerreste aus hellenistischer Zeit.

Nach 1945 gab es länger keine Ausgrabungen in Jerusalem. Erst 1961 begannen die Britische Schule und der P.E.F. in Zusammenarbeit mit der Jordanischen Abteilung für Altertümer und einigen anderen Einrichtungen ein Großprojekt. Diese Grabungskampagne stand unter der Leitung von *Kathleen M. Kenyon.* Sie wollte die stratigraphische Methode, die sie in Jericho mit großem Erfolg angewandt hatte, jetzt auch in Jerusalem einsetzen. Das bedeutete, daß an verschiedenen Stellen der Stadt kleine Grabungsfelder untersucht wurden. Außerdem wurde – den Ausgrabungen Macalisters folgend – ein großer Graben am Osthang des Südosthügels angelegt.

Eine der Zielsetzungen der Untersuchung war eine genauere Datierung des großen Turmes, der nach Macalisters Meinung von David erbaut worden war. Kenyon – und viele mit ihr – hielten es für unwahrscheinlich, daß der Warren-Schacht, welcher zur Gihon-Quelle führte, außerhalb der Stadtmauern lag. Sie vermutete eine andere Stadtmauer unterhalb des Hanges, der den Zugang zum Schacht umschloß. Dies war tatsächlich der Fall. Kenyon fand dort nicht nur die älteste Stadtmauer Jerusalems aus der Mittleren Bronzezeit (ca. 1800 v. Chr.), sondern auch eine Stadtmauer aus der Eisenzeit.

Durch ihre präzise stratigraphische Methode (Abb. 2.5) und durch zuverlässige Datierungen der Tonscherbenfunde lieferte diese Expedition viele Resultate. Jedoch entstand als Folge der Tatsache, daß die ausgegrabenen Flächen oft nur sehr klein waren (5 x 5 m), hier und da ein falsches Bild. Während der Untersuchungen von Kenyon war Jerusalem darüberhinaus eine geteilte Stadt; die Trennung zwischen den zu Israel und Jordanien gehörenden Stadtteilen verlief genau durch die Stadtmitte, so daß gewisse Dinge nicht gänzlich geklärt werden konnten.

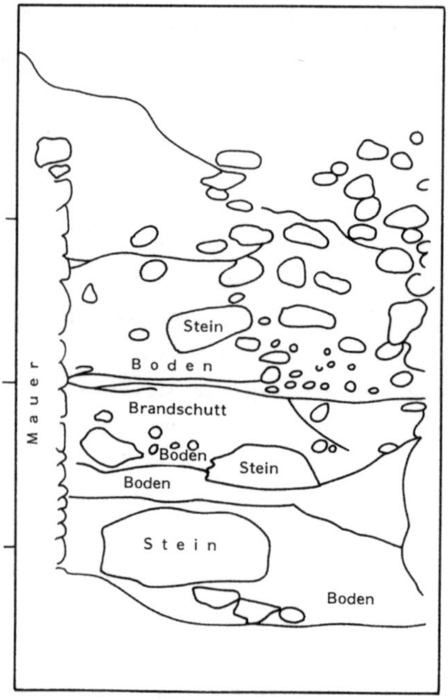

Abb. 2.5
Sektionszeichnung durch ein Zimmer
Zur Mauer gehören verschiedene Pflastersteinböden. Wenn sich nach einem Brand oder Erdbeben zu viel Gerümpel auf dem Boden aufgehäuft hatte, wurde auf höherer Ebene ein neuer Boden angelegt. Die Funde aus den Lagen wurden während der Ausgrabungen sorgsam auseinandergehalten, um die Böden datieren zu können.

Kenyon hat über ihre Ausgrabungen in einer Reihe von Aufsätzen und in zwei lesenswerten Büchern berichtet: *Jerusalem, Excavating 3000 Years of History* (1967)[5] und *Digging up Jerusalem* (1974). Sie starb 1978 vor Beendigung ihres Schlußberichtes. Durch A.D. Tushingham, der an ihrer Grabungskampagne beteiligt war, wurden 1985 die Ausgrabungen im Armenischen Garten unter dem Titel *Excavations in Jerusalem 1961–1967, Vol. I,* publiziert. Ein Teil des großen Grabens am Südosthügel wurde 1990 durch H.J. Franken und M.L. Steiner in *Excavations in Jerusalem 1961–1967, Vol. II,* publiziert. In den Niederlanden, in England und in Israel wird an weiteren Publikationen über dieses Material gearbeitet.

Nach 1967 wurden durch israelische Archäologen viele Untersuchungen in Jerusalem durchgeführt, die zu einer besseren Kenntnis des alten Jerusalem enorm beitrugen und eine große Zahl von Problemen lösten. Die Betonung lag hier insbesondere auf der Freilegung großer Flächen, um so

5 Deutsche Ausgabe: K.M. Kenyon, *Jerusalem. Die Heilige Stadt von David bis zu den Kreuzzügen. Ausgrabungen 1961–1967*, Bergisch Gladbach 1968 [Anm. des Hrsg.].

eine schnellstmögliche Übersicht der erhalten gebliebenen Architektur zu bekommen. Wir nennen hier die wichtigsten Ausgrabungen:

Als erstes Projekt wurde 1968 bis 1977 die Umgebung des Tempelplatzes untersucht. Unter Leitung von *B. Mazar* wurde ein großes Gebiet entlang der westlichen und südlichen Stützmauern ausgegraben, wobei umfangreiche Reste der herodianischen, römischen, byzantinischen und islamischen Periode gefunden wurden. Eine ausführliche Beschreibung findet man in den folgenden Kapiteln.

Mazar hat keinen Schlußbericht über seine Arbeit publiziert[6],aber eine ausführliche Übersicht bietet *In the Shadow of the Temple: the Discovery of Ancient Jerusalem,* geschrieben durch M. Ben-Dov, der eng mit Mazar zusammenarbeitete. Durch den großen Umfang des Ausgrabungsgebietes bekommt man eine gute Kenntnis der Stadtplanung in herodianischer und byzantinischer Zeit. In den Jahren 1986–1987 legte *Eilat Mazar* in diesem Gebiet die Reste eines Eisenzeit-Tores frei.

Als man von israelischer Seite beschloß, den verwüsteten jüdischen Stadtteil innerhalb der Stadtmauern wiederaufzubauen, gab dies den Archäologen eine einmalige Gelegenheit zur Forschung. Dieser Teil der Altstadt ist seit biblischen Zeiten stark bewohnt gewesen, wodurch sich nie die Gelegenheit zu wirklichen Ausgrabungen ergab. Archäologisch gesehen war dies buchstäblich „terra incognita".

Im Jahre 1969 wurde eine groß angelegte Untersuchung unter Leitung von *N. Avigad* von der Hebräischen Universität Jerusalem begonnen, welche bis 1978 dauerte. Man legte einen Stadtteil aus herodianischer Zeit mit vielen Spuren der Zerstörung durch die Römer im Jahre 70 frei. Diese Spuren sind noch deutlich bei einer Reihe von Gebäuden wie beispielsweise beim „Ausgebrannten Haus" („Burnt House") oder dem „prächtigen Palais" („the mansion") zu sehen, die beide für Besucher zugänglich sind. Aus der Eisenzeit stammt eine 7 m breite Stadtmauer, die Teil der Stadterweiterung aus dem 8. Jh. v. Chr. ist. Aus byzantinischer Zeit ist ein Teil des Cardo aufgefunden worden, einer durch Säulen flankierten Hauptstraße der Stadt. Diese Straße war bereits von einem Mosaik aus einer Kirche in Madaba in Jordanien aus dem 6. Jh. n. Chr. bekannt. Auch über diese Ausgrabung gibt es noch keinen abschließenden Bericht. Allerdings gibt es

---

6 Die Verantwortung für die Veröffentlichung dieser umfangreichen Ausgrabungen wurde durch die Enkelin – Eilat Mazar – übernommen. Von ihrer Hand erschien 1989 *Excavations in the South of the Temple Mount, The Ophel of Biblical Jerusalem,* Qedem 29, Jerusalem 1989. *Excavations at the City of David 1978–1985 directed by Yigal Shiloh,* Vol. III. *Stratigraphical, Environ mental, and other Reports.* Ed. by Alon de Groot & Donald T. Ariel, Qedem 33, Jerusalem 1992.

einen lesenswerten und zuverlässigen Bericht in Avigads Buch *Discovering Jerusalem* (1983). Viele der aufgefundenen Mauern und Gebäude sind noch immer im neu errichteten jüdischen Stadtviertel zu besichtigen.

Im Jahre 1978 begann *Y. Shiloh* von der Hebräischen Universität von Jerusalem eine Ausgrabung am östlichen Abhang des südöstlichen Hügels, dort, wo vor ihm Macalister und Kenyon gegraben hatten. Obwohl er der Stratigraphie Kenyons weniger Aufmerksamkeit schenkte, stützen seine Resultate zu einem großen Teil ihre Schlußfolgerungen. Sein spektakulärster Fund ist eine große treppenförmige Bastion aus dem 10. Jh. v. Chr. Außerdem lieferte diese Untersuchung viele Angaben über die Frühe und Mittlere Bronzezeit.

Die letzte Ausgrabungskampagne war im Jahr 1985. Shiloh starb 1987. Er publizierte 1984 einen Vorbericht in der Serie Qedem unter dem Titel *Excavations in the City of David I, 1978–1982*[7].

Andere israelische Ausgrabungen fanden u. a. in der Zitadelle *(Ruth Amiran* und *A. Eitan)*, dem Armenischen Garten *(D. Bahat* und *M. Broshi)* und auf dem Berg Zion *(M. Broshi)* statt.

Auch ausländische Forscher haben zum Wissen über Jerusalem beigetragen. Die deutsche Archäologin *Ute Lux* hat 1970 und 1971 eine Ausgrabung in der Altstadt unter der Erlöserkirche vorgenommen, die damals restauriert wurde. Der niederländische Archäologe *K. Vriezen* war an dieser Untersuchung mitbeteiligt[8]. Das „Lithostrotos" (Joh 19,13), ein großes Steinpflaster aus römischer Zeit, wurde 1972 unter dem Kloster der Schwestern von Zion in der Via Dolorosa durch *P. Benoit* von der École Biblique in Jerusalem untersucht.[9]

Man schenkte auch den Wasserversorgungsanlagen und den Grabstätten – beginnend mit der Eisenzeit – Aufmerksamkeit. Im Kidrontal wurden durch *D. Ussishkin* eine große Zahl von Gräbern aus der Eisenzeit untersucht, und *G. Barkay* hat ein Gräberfeld aus dieser Periode nördlich des Damaskus-Tores freigelegt. Im Jahre 1979/80 wurden während der Ausgrabungen westlich der Altstadt in der Nähe der Schottischen Kirche eine Reihe

---

7 Die Publikation wird durch Shilohs Mitarbeiter fortgeführt. 1990 erschien *Excavations at the City of David, 1978–1985, Vol. II, Imported Stamped Amphora Handles, Coins, Worked Bone and Ivory, and Glass,* Qedem 30, Jerusalem 1990.

8 K.J.H. Vriezen, *Die Ausgrabungen unter der Erlöserkirche im Muristan, Jerusalem (1970–1974),* Wiesbaden 1995.

9 Die erste Freilegung geschah durch L. H. Vincent (*Le Lithostrotos d'après des fouilles récentes,* Paris 1933) [Anm. des Hrsg.].

von Gräbern, wahrscheinlich aus der Zeit zwischen 700 und 500 v. Chr., gefunden. Neben vielen Tonscherben und persönlichen Schmuckstücken wurden hier zwei Silberröllchen gefunden, auf denen sich eingravierte Texte befanden. Die ausgerollten Plättchen von 97x27 und 39x11 mm enthielten Texte, die stark dem „Priesterlichen Segen“ aus 4Mo 6,24–26 ähnelten. Man vermutet, daß es sich hierbei um Amulette handelt (Abb. 2.6).

Noch immer werden bei Ausschachtungsarbeiten und kleineren Ausgrabungen täglich Funde gemacht. Die Zeit der großen Untersuchungen scheint jedoch abgeschlossen zu sein.

Zusammenfassend läßt sich feststellen, daß man *vor 1930* vor allem das „biblische Jerusalem“ suchte. Da Palästina britisches Mandatsgebiet war, überwogen britische Grabungen. Warren, später Bliss und Dickie, erforschten das Gelände mit Hilfe der Grabung von Tunnelschächten.

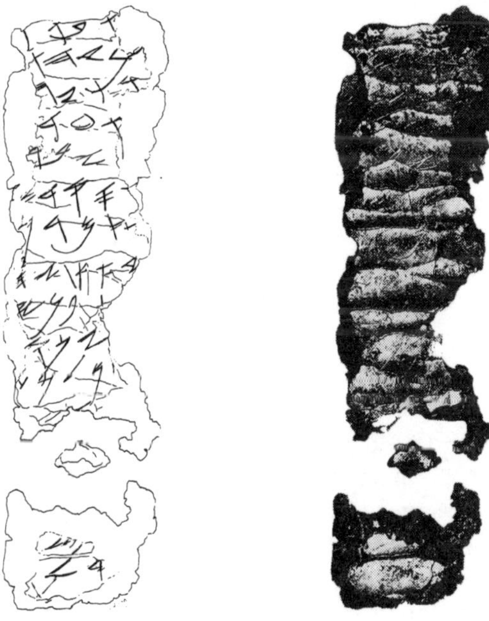

Abb. 2.6
Silberplättchen, 97x27 mm groß, aus einem Grab in Ketef Hinnom. Der in althebräischer Schrift eingravierte Text zeigt starke Ähnlichkeit mit 4Mo 6,24–26.

Dies erbrachte viele Fakten und manche zuverlässigen Grundrisse, aber man besaß noch keine Kenntnisse zur genauen Altersbestimmung der Funde.

Danach kamen die Grabungskampagnen von Macalister und Weill, die Großflächen untersuchten. Sie interessierten sich vor allem für die freigelegten Gebäude und Mauern; weil sie jedoch nicht die Bodenschichtung beachteten, konnten sie die Mauerreste nicht gut zueinander in Beziehung setzen. Die gefundenen Bauwerke bestimmte man oftmals anhand von Bibeltexten.

Crowfoot grub als erster einen tiefen Graben durch verschiedene Schichten, die durch die Jahrhunderte bewohnt und bebaut waren. Dies verschaffte neue Kenntnisse über die Aufeinanderfolge der örtlichen Niederlassungen. Doch weil die Beurteilung von Tonscherben noch nicht so genau war, blieb die Datierung der Funde ein Problem – übrigens mehr für uns im Nachhinein als für die Forscher damals.

Nach 1930 arbeitete man auf stärkerer wissenschaftlicher Basis. Bei den Untersuchungen von Johns, Hamilton und Kenyon wurde genauestens nach der stratigraphischen Methode vorgegangen. Die Altersbestimmung erfolgte anhand der gefundenen Tonscherben. Diese Methode bedeutete einen großen Fortschritt, da man jetzt ein gutes Bild von der Abfolge der archäologischen Schichten erhielt. Da jedoch oftmals die Forschung durch das Freilegen von nur kleinen Abschnitten und Gräben geschah, gestaltete sich eine genaue Kartierung als schwierig. Vor allem Kenyons Ausgrabungen bedeuteten eine enorme Wissenserweiterung über das alttestamentliche Jerusalem. Zum ersten Mal konnte man die Stadtmauern gut bestimmen.

Nach 1967 begannen groß angelegte israelische Ausgrabungen. Durch das Freilegen von Großflächen erhielt man vielfältige Angaben, und es entstand Stück für Stück ein umfassenderes Bild von Jerusalem im Altertum. Die Stratigraphie-Methode der israelischen Archäologen wich von der präzisen Arbeitsweise der Briten ab. Die Israelis arbeiten schneller, aber bei den vorgelegten Resultaten bleiben oft viele Fragen offen; der historische und biblische Kontext spielt für ihre Interpretation oft eine große Rolle. So erscheint eine Diskussion um die Thematik „Bibel und Archäologie" gerade im Hinblick auf Jerusalem äußerst relevant zu sein[10].

10 Siehe die Diskussion hierzu in: *Biblical Achaeology Today, Proceedings of the International Congress on Biblical Achaeology, Jerusalem, April 1984,* Jerusalem 1985.

Seit 1960 ist bisher von noch keiner Jerusalemer Ausgrabung ein Schlußbericht erschienen, in dem alle Resultate deutlich ausgearbeitet wären. Dies ist bei der Interpretation der Funde ein großes Problem. Man muß sich mit vorläufigen, oft recht allgemein gehaltenen Berichten behelfen, und auf der anderen Seite mit Übersichtsstudien arbeiten, die für die allgemeine Öffentlichkeit geschrieben sind. Beginnend mit *Jerusalem, Excavating 3000 Years of History* von Kenyon aus dem Jahre 1967 bis zu *In the Shadow of the Temple* von Ben-Dov aus dem Jahre 1985 handelt es sich ausschließlich um spannend geschriebene Bücher mit reichem Informationsgehalt und vielen Illustrationen. Was jedoch fehlt, sind aussagefähige Fakten, Listen von Funden, Profilzeichnungen, Grundrisse und genaue Beschreibungen der Tonscherben. Man muß sich beim Lesen der Bücher ständig vor angeblich feststehenden Ergebnissen in acht nehmen. Dies soll jedoch nicht heißen, die archäologischen Untersuchungen hätten nicht eine Vielzahl von Angaben erbracht, aus denen sich in groben Zügen Umfang und Geschichte der Stadt durch viele Jahrhunderte hindurch nachzeichnen ließe. In den folgenden Kapiteln wird hierauf genauer eingegangen.

3. Das frühe Jerusalem – Die Bronzezeit (3100–1200 v. Chr.)

Älteste Besiedlung

Von alters her war die Umgebung Jerusalems ein begehrenswerter Ort zum Siedeln. Es gibt Steinwerkzeuge zum Feuermachen aus der Frühen Steinzeit und Scherben aus dem Neolithikum. Die ältesten Spuren einer festen Besiedlung wie Häuser und Gräber stammen jedoch erst aus der Bronzezeit.

Aus der Frühen Bronzezeit (3100–2300 v. Chr.) gibt es nur wenig Reste als Belege für eine Besiedlung. Man darf sich Jerusalem in dieser Zeit nicht als eine Großstadt mit dicken Mauern vorstellen wie Jericho, Arad oder Megiddo. Dort wurden Mauern von 2 bis 8 m Breite ausgegraben. Jerusalem war wahrscheinlich eine kleine, nicht ummauerte Niederlassung am südöstlichen Hügelrücken bei der Gihon-Quelle, der einzigen Frischwasser-Quelle weit und breit.

Durch Yigael Shiloh wurde ein Gebäude aus dieser Periode an der Südseite des Hügels ausgegraben, welches aus einem Raum von ungefähr 3 x 3 m bestand[1], mit einer Steinbank zur Ostmauer hin. Außerdem wurden eine Reihe von Gräbern mit Grabbeilagen aus dem charakteristischen rot bemalten Ton gefunden (Abb. 3.1)[2].

Seit wann dieses Dorf nicht mehr existierte, wissen wir nicht. Die Funde stammen vornehmlich aus dem Anfang der Frühen Bronzezeit. In den ersten Jahrhunderten nach 2300 v. Chr. war der südöstliche Hügel sicherlich nicht bewohnt. Es gibt dort keine menschlichen Spuren: keine Häuser, keine zerstreuten Tonscherben.

Wohl gibt es auf dem Ölberg elf Schachtgräber aus dieser Periode (Abb. 3.2). Dies sind tief unter dem Boden ausgehauene Gräber, die durch einen engen Schacht mit der Oberfläche verbunden sind. Die in diesen Gräbern gefundenen Tonarbeiten sind typisch für diese Periode: Töpfe mit flachen Böden, grau-braun mit eingeritzten Verzierungen, Lampen mit vier Tüllen und Krüge in der Form von Teekannen (Abb. 3.3). Es könnte die Grabstätte von herumziehenden Beduinen gewesen sein.

---

1 Y. Shiloh, *Excavations at the City of David I, 1978–1982*, Qedem 19, Jerusalem 1984, S. 11. Siehe auch *Israel Exploration Journal 35*, 1985, S. 303.

2 L. H. Vincent, *Jerusalem sous Terre: Les recentes Fouilles d'Ophel*, London 1911, pl. IX–XI.

Abb. 3.1
Ein mit roter Farbe bemalter Krug und eine Schale aus der Frühen Bronzezeit.

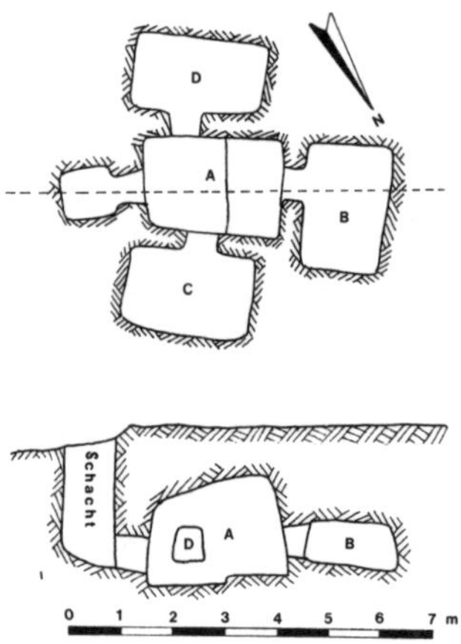

Abb. 3.2
Grundriß und Querschnitt eines Schachtgrabes.

Abb. 3.3
Töpfe aus der Übergangsperiode zwischen der Frühen und der Mittleren Bronzezeit: zwei Krüge und ein Lämpchen mit vier Tüllen.

Mittlere Bronzezeit

Erst um 1800 v. Chr. können wir von der „Stadt“ Jerusalem sprechen. Die Besiedlung konzentrierte sich damals wie in der Frühen Bronzezeit auf das Umfeld der Gihon-Quelle. Die Niederlassung wurde durch eine 2–3 m dicke Mauer geschützt, welche man am Osthang auf halber Höhe fand. Von dieser Mauer sind insgesamt 45 m ausgegraben, sowohl bei der Quelle, als auch nach Süden hin (s. Kapitel 10).

Man könnte erwarten, daß der Zugang zur Quelle innerhalb der Stadtmauern lag, so daß auch in Gefahrenzeiten die Wasserzufuhr gewährleistet sein würde. Jedoch war dies nicht der Fall. Die Quelle befand sich nämlich auf ziemlich niedriger Höhe, und hinter einer solch niedrig liegenden Mauer wäre die Stadt von den umgebenden Anhöhen viel einfacher anzugreifen gewesen. Darum baute man die Mauer etwas weiter oberhalb. Dadurch konnte die Wasserzufuhr für die Bevölkerung in Kriegszeiten allerdings zu einem großen Problem werden, wofür man erst Jahrhunderte später eine Lösung fand.

Die Stadtmauer, von der man übrigens nur Fundamente fand, wurde auf halber Höhe eines horizontalen Felsgesims gebaut (Abb. 3.4). Bei der Ausgrabung zeigte sich, daß der Spalt zwischen schräglaufendem Hang und der vertikal verlaufenden Mauer mit Erde aufgefüllt wurde, in welcher sich viele zerbrochene Tonscherben befanden. Wahrscheinlich wurde dieser Spalt schnell nach dem Bau der Mauer verschüttet oder zugespült oder vielleicht absichtlich durch die Maurer aufgefüllt. Wir können deswegen davon ausgehen, daß die Scherben aus der Zeit des Mauerbaus stammen, vielleicht mit einigem älteren Material, wodurch sich das Alter der Mauer bestimmen läßt.

Auf Abbildung 3.4 kann man sehen, wie die Mauer zum Westen hin eine Ecke ausformt. Dies ist entweder die Nordostecke der Stadt oder ein Teil des Tores, durch welches die Menschen zur Quelle gelangten. Für eine endgültige Aussage ist einfach nicht genug Mauerwerk gefunden worden. Da jedoch der Norden dieser Ecke keine weiteren Reste aus der Mittleren Bronzezeit aufweist, zog Frau Kenyon den Schluß, daß dies die Nordgrenze der Stadt gewesen sein müßte[3]. Innerhalb der Mauer gibt es hier und da Reste von Häusern, die auch durch die Tonscherben auf die Mittlere Bronzezeit bestimmt werden können.

---

3 K.M. Kenyon, *Digging Up Jerusalem*, London 1974, Pl. 21/22.

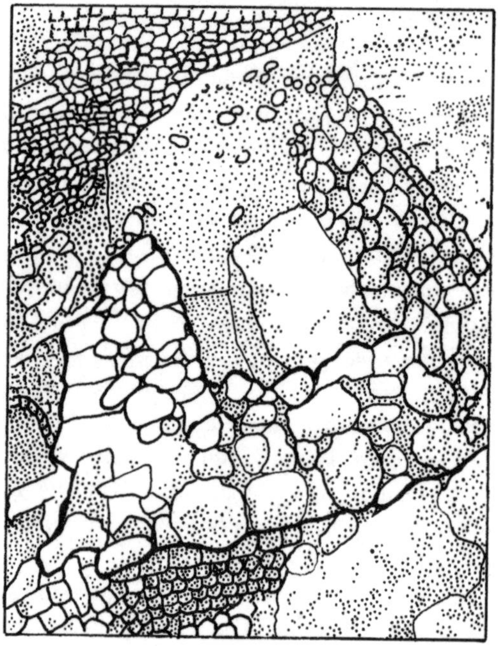

Abb. 3.4
Ein Teil der ältesten Stadtmauer Jerusalems, gebaut um 1800 v. Chr. Außerdem ist ein Teil der eisenzeitlichen Stadtmauer zu sehen, die auf einer etwas höher liegenden Ebene gebaut wurde. Die übrigen Mauern sind von der Expedition errichtete Stützmauern.

Abb. 3.5
„Ruschalimum", der Name Jerusalems in einem altägyptischen Verfluchungstext aus dem 18. Jh. v. Chr

Insgesamt hatte Jerusalem eine Oberfläche von 4,4 ha. (44 dunam), was im Vergleich zu anderen Städten in dieser Periode wie Lachis, Hazor, Dan und Gezer als klein zu bezeichnen ist[4].

Der erste Text, in dem Jerusalem schriftliche Erwähnung findet, stammt aus dieser Periode. In den „Verfluchungstexten" aus Ägypten, die aus dem 19. oder 18. Jh. v. Chr. stammen, wird Jerusalem als der kanaanitische Stadtstaat „Ruschalimum" bezeichnet (Abb. 3.5). Die „Verfluchungstexte" gegen die Feinde Ägyptens sind rituelle Zauberformeln, die auf Schalen und Figuren geschrieben wurden.

Wie lange diese Stadt bestand, läßt sich nur schwer feststellen. Die gefundenen Tonscherben stammen aus dem 18. Jh. v. Chr.; aus dem 17. Jh. fand man nichts.

Späte Bronzezeit

Angaben zur Stadt in der Späten Bronzezeit bestehen kaum. Es gibt auf dem Ölberg ein großes Grab, das ungefähr 1200 irdene Töpfe enthielt, unter denen sich viele aus Zypern importierte befanden[5]. Dieses Grab wurde vom 17. bis einschließlich 14. Jh. v. Chr. benutzt.

Besiedlungsspuren aus dieser Zeit sind nirgendwo anzutreffen. Jedoch wissen wir etwas über die Stadt, weil der Name Jerusalem (Urusalim) in den „Amarna-Briefen" Erwähnung findet. Im ägyptischen El Amarna fand man ein Archiv aus der ersten Hälfte des 14. Jhs. v. Chr. mit Briefen, die die Fürsten (Vasallen) Kanaans an ihren Herrscher, den Pharao von Ägypten, versandten. Diese Briefe zeigen, daß das Gebiet unter verschiedenen örtlichen Herrschern aufgeteilt war, die – ausgehend von ihren Befestigungen – einander bekämpften und das Land ihrer Nachbarn plünderten. Es existieren auch sechs Briefe, geschrieben vom Fürsten Abdi-Cheba aus Jerusalem, in welchen dieser über die Angriffe der Mit-Vasallen auf sein Land Klage führt. Es ist nicht klar, ob in dieser Zeit Jerusalem eine Stadt war oder eher ein Landgut, verwaltet durch einen Gouverneur, der irgendwo in der Nähe der Gihon-Quelle in einem befestigten Haus wohnte. Wie gesagt, gibt es auf dem südöstlichen Hügel keine Reste aus dieser Zeit. Es ist auffällig, daß

4 M. Broshi, La Population de l'ancienne Jérusalem, *Revue Biblique 82*, 1975, S. 5–14. In seinem Artikel The Expansion of Jerusalem in the Reigns of Hezekiah and Manasseh, *Israel Exploration Journal* 24, 1974, S. 21–26, gibt er etwas abweichende Zahlen an.

5 S. J. Saller, *The Excavations at Dominus Flevit (Mount Olivet, Jerusalem), part II, The Jebusite Burial Place*, Jerusalem 1964.

in den Amarna-Briefen nirgendwo von einer *Stadt* Jerusalem gesprochen wird, sondern nur von „dem Land Jerusalem".

Gegen Ende der Späten Bronzezeit oder zu Beginn der Eisenzeit (Ende 13. oder 12. Jh. v. Chr.) ändert sich die Situation erneut. Kathleen Kenyon fand auf dem Hang oberhalb der Quelle in Richtung zur Hügelspitze bei ihren Ausgrabungen eine Reihe von Terrassen. Hier gab es ein pyramidenförmiges Terrassensystem mit teils fünf bis sechs Meter hoch liegenden Terrassen. Die Füllungen bestanden aus Steinen und Erde (Foto 1). Y. Shiloh hat errechnet, daß die größte Terrasse eine Oberfläche von mindestens 200 m^2 gehabt haben muß. Es gab mehrere Terrassen, so daß die Gesamtoberfläche größer war. Was davon heute zu sehen ist, beeindruckt noch immer. Dieses System diente wahrscheinlich als Unterbau einer Festung, die die Umgebung beherrschte und den Zugang zur Quelle bewachte.

Dieses Terrassensystem wurde von Kenyon wie auch von Shiloh auf das 14. Jh. v. Chr. datiert. Jedoch zeigen die in Leiden und Jerusalem durchgeführten Untersuchungen der bei diesen Ausgrabungen gefundenen Tonscherben, daß diese Bestimmung zu früh angesetzt sein dürfte. Typische Töpferware aus dem 12. Jh. oder dem auslaufenden 13. Jh. wurde auf dem Boden eines kleinen Hauses gefunden, über dem später die Terrassen angelegt worden sind. Diese Ergebnisse sind noch nicht veröffentlicht.

Reste von Häusern oder Stadtmauern sind nirgendwo gefunden worden. Dies kann darauf hindeuten, daß Jerusalem damals nur aus dieser Festung – vielleicht mit einer kleinen Niederlassung auf der Höhe des Hügelrückens – bestand, von der allerdings die Spuren verwischt sind, weil man diesen Ort später als Steinbruch benutzte.

Nach Angaben des Alten Testaments wurde Jerusalem in dieser Zeit von den Jebusitern bewohnt (Jos 15,63; 2Sam 5,6), eine kanaanitische Bevölkerungsgruppe, die sich gegen Ende der Späten Bronzezeit in der Stadt niederließ und bis zur Einnahme durch David zu Beginn des 10. Jhs. v. Chr. dort lebte.

Vielleicht ist dies ein guter Moment, auf eine der spektakulärsten Entdeckungen in Jerusalem hinzuweisen, den „Warren-Schacht". Dies ist ein unterirdischer Tunnel, der auf halber Höhe im Osthang beginnt und der mit der Gihon-Quelle in Verbindung steht. Der Schacht wurde im Jahre 1867 durch den englischen Pionier-Leutnant Charles Warren entdeckt, 1909 noch einmal durch die Parker-Expedition erforscht und vor kurzem aufs neue gesäubert und durch Y. Shiloh ausgemessen (Abb. 3.6). Es handelt sich hierbei um einen 40 m langen, in den Felsen gehauenen Tunnel, der zu einem ca. 14 m tiefen, vertikalen Schacht führt. Unten in diesem Schacht befindet sich ein zur Quelle hin ausgehauener Gang von 20 m

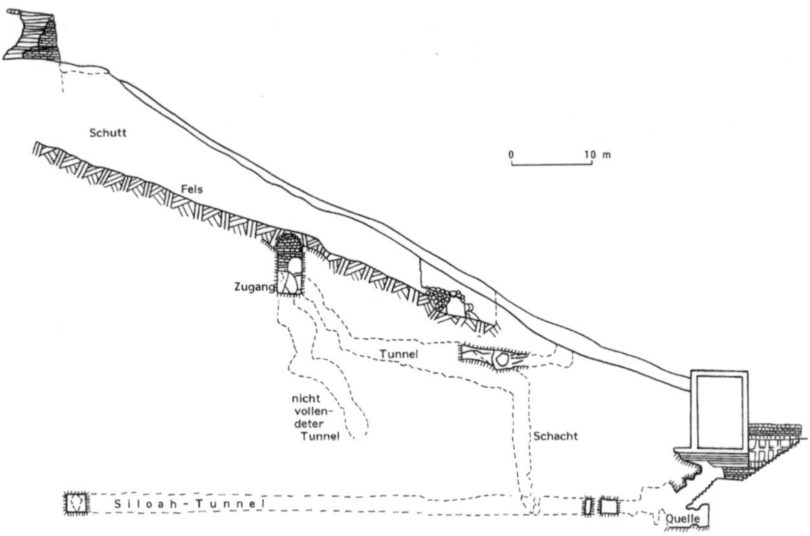

Abb. 3.6
„Warren-Schacht". Der Zugang befindet sich in der Mitte der Anhöhe. Über den Tunnel erreicht man einen Schacht, durch den sich Wasser schöpfen läßt. Ein zweiter Tunnel ist aus unbekannten Gründen nie vollendet worden.

Länge. Das Wasser fließt über diesen Gang in ein Becken im unteren Bereich des Schachtes, aus welchem sich mit Hilfe von Eimern Wasser schöpfen läßt. Der Tunnel ist für Besucher zugänglich.

Seine Bestimmung gestaltet sich schwierig. Das Gesamtsystem ist sicherlich älter als der Siloah-Tunnel, der ungefähr auf 700 v. Chr., der Zeit des Königs Hiskia, datiert wird. Beim Reinigen des Tunnels fand man Scherben aus der Mittleren und Späten Bronzezeit sowie aus der Eisenzeit, aber diese können alle auch später hineingespült worden sein. Ähnliche Wasserschächte fand man auch in Megiddo und Gezer. Sie werden meist auf das 10. oder 9. Jahrhundert datiert. Man kann sich vorstellen, daß die jebusitischen Fürsten von Jerusalem aus ihrer Festung einen sicheren Wasserzugang suchten. Betrachtet man den Bau des Terrassensystems, waren damals die organisatorischen und technischen Voraussetzungen für das Aushauen des Tunnels auf jeden Fall gegeben. Darum ist nicht auszuschließen, daß der „Warren-Schacht" aus dem 13. oder 12. Jh. v. Chr. stammt.

Man ist geneigt, den „Warren-Schacht“ mit dem Bericht über David in Beziehung zu setzen, der die Stadt über einen Wasserkanal, den „tsinnor“, einnahm (2Sam 5,8). Dieser Text kann jedoch nicht als „Beweis“ dafür angeführt werden, der Tunnel habe bereits in der Zeit Davids bestanden, denn der Text beinhaltet zu viele Schwierigkeiten. So ist die Übersetzung des Wortes „tsinnor“ unklar, auch wenn es meist mit Wasserkanal übersetzt wird. Auch gibt es verschiedene Auffassungen über die Zeit der Abfassung der Samuelbücher. Es ist jedoch davon auszugehen, daß der Autor des Berichts über die Eroberung durch David von diesem Tunnel wußte, durch welchen sich in Zeiten der Belagerung das wichtige Quellwasser erreichen ließ.[6]

6 Vgl. dazu den Nachtrag S. 155–168 [Anm. des Hrsg.].

4. Eine königliche Stadt – Die Eisenzeit (1200–587 v. Chr.)

Die Stadt der Frühen Eisenzeit (1200–1000 v. Chr.) wurde bereits in den vorhergehenden Kapiteln beschrieben: das Jerusalem der Jebusiter.

Viele archäologische Untersuchungen in Jerusalem richteten sich auf das Wiederauffinden der Stadt aus der Königszeit, der Periode von der Stadteinnahme durch David bis hin zur Zerstörung durch die Babylonier (1000–587 v. Chr.). In der Archäologie nennt man diese Periode die Späte Eisenzeit. Wie bereits in Kapitel 2 beschrieben, sind allerlei Mauerstücke und -reste von Gebäuden oft zu Unrecht dieser Zeit zugeschrieben worden. Es ist bei der großen Menge von Angaben nicht einfach, die wirklichen Konturen Jerusalems zu rekonstruieren. Glücklicherweise haben die Ausgrabungen von Kathleen Kenyon und vor allem auch die israelischen Ausgrabungen nach 1967 mehr Klarheit gebracht. Jedoch ist nach 130 Jahren Forschung nicht viel mehr bekannt als der Verlauf einiger Stadtmauern und die Lage verschiedener Stadtteile.

Bauaktivitäten im 10. Jahrhundert v. Chr.

Im 10. Jh. v. Chr. wurde das Terrassensystem aus dem 13./12. Jh. neu aufgebaut (Abb. 4.1). R.A.S. Macalister fand bereits 1923 nördlich des großen hellenistischen Turmes (7) eine Bastion, welche aus treppenförmig aufeinandergelegten Steinen errichtet worden war (3a). Er nannte dies „The Jebusite Ramp“, weil er dachte, daß die Bastion aus der Zeit der Jebusiter stamme. Die Bastion wurde teilweise rekonstruiert und mit Zement befestigt. Auch an der Südseite des großen Turmes fand Macalister ein ähnliches Bauwerk.

Als Kathleen Kenyon im Jahre 1961 an dieser Südseite mit Ausgrabungen begann, stieß sie schnell auf ein großes terrassenförmiges Bauwerk (Foto 2). Bei der Auswertung der Ausgrabungsfakten in Leiden zeigte sich, daß dies eine Fortsetzung der südlichen Bastion von Macalister war. Außerdem fand sie bei ihrem Ausgrabungsschacht etwas tiefer auf dem Hügel einen großen Steinturm, der genau wie die Bastion stufenweisen Aufbau hatte.

Abb. 4.1
„Feld G" aus Shilohs Ausgrabung mit Mauern aus verschiedenen Perioden
1. Terrasse (Ende Späte Bronzezeit)
2. ebenso
3. treppenförmige Bastion (10. Jh. v. Chr.)
4. Haus des Achiel (Ende der Eisenzeit)
5. Verbranntes Haus (Ende der Eisenzeit)
6. Zimmer, in welchem man die „bullae" fand
7. Turm aus späthellenistischer Zeit

Kenyon interpretierte beide Bauwerke als Reparaturen des Terrassensystems aus dem 13./12. Jh. und bestimmte sie aufgrund der darin gefundenen Tonwaren auf das 10. Jh. v. Chr. Sie brachte jedoch die Funde nicht mit den von Macalister freigelegten Bastionen in Verbindung, weil sie diese wegen der oberhalb des Hügelspitze entlanglaufenden hellenistischen Stadtmauer auf einen *späteren* Zeitpunkt festlegte; es schien, als seien die Bastionen an die Mauer angebaut worden. Zudem hatte sie einen Teil der nördlichen Bastion freigelegt (3a), und etwas tiefer auf dem Hang Häuser aus dem 7. Jh. v. Chr. entdeckt. Darunter wiederum lagen Terrassen (1). Von oben nach unten: Bastion – Häuser – Terrassen. Darum ist nicht erstaunlich, daß sie die Bastionen für hellenistisch hielt.

Als Y. Shiloh 1978 eine Ausgrabung im nördlichen Gebiet nahe der Ausgrabungen von Kenyon unternahm, fand er unter der nördlichen

Bastion Macalisters Häuser aus dem 7. Jh. v. Chr. Sein Erstaunen war jedoch groß, als er unter diesen Häusern dann die Reste der Bastion fand (3b). Es zeigte sich, daß diese Bastion hinter und unter den Häusern verlief. Die Häuser waren über dieser gebaut. Dies bedeutete, daß die Bastion älter als die Häuser aus dem 7. Jh. sein mußten. Unter dieser Bastion fand Shiloh die früheren Terrassen. Diese Aufeinanderfolge von Bastion – Häuser – Bastion – Terrassen ist noch heute im Archäologischen Park in der Nähe der Ausgrabungen wiederzuerkennen. Genau wie Kenyon datiert Shiloh die Bastion, die in seinen Publikationen als „stepped stone structure" bezeichnet wird, auf das 10. Jh. v. Chr. Er stützt seine Bestimmungen vornehmlich auf Tonfunde.

Bisher sind 55 Stufen der Bastion ausgegraben worden. Das gesamte Bauwerk war mindestens 27 m hoch und diente wahrscheinlich – genau wie die Terrassen aus dem 13. Jh. – als Unterbau für eine Festung, von der jedoch keinerlei Spuren zu finden sind. Weiter südlich ist ein Teil des Unterbaus durch Erosion verschwunden. Weil Kenyon genau in diesem Teil einen Ausgrabungsschacht geöffnet hatte, entging ihr der Zusammenhang zwischen den beiden Teilen der Bastion, und sie erkannte diese nicht als durchlaufendes Bauwerk.

Natürlich drängen sich sofort verschiedene Fragen auf: Wenn die Bastion auf das 10. Jh. bestimmt werden kann, könnte es sich dann um eines der von David nach seiner Eroberung Jerusalems errichteten Bauwerke handeln? In 2. Samuel 5,9 ist zu lesen: „So wohnte David auf der Burg und nannte sie ‚Stadt Davids'." Die Annahme, er habe das alte Terrassensystem der Jebusiter zu einer großen Bastion für seine eigene Festung umgebaut, ist verlockend. Oder haben wir es hier mit dem „Millo" zu tun, jenem geheimnisumwobenen Bau, der König Salomo zugeschrieben wird (1Kö 9,15.24; 11,27)? Das Wort „Millo" hängt mit dem hebräischen Verb „füllen" zusammen. Archäologen suchten nach einer Erklärung für diesen Begriff, und man dachte an eine große mit Steinen aufgefüllte Terrasse und auch an eine aufgefüllte Mulde. Die nun gefundene Bastion kommt sicherlich auch als Millo in Frage. Aufgrund der jetzt bekannten archäologischen Angaben kann man jedoch keine Antwort auf die Frage erhalten, ob diese Bastion wirklich der Millo gewesen ist.

Ein anderer Fund aus dieser Zeit ist eine Stadtmauer auf der Hangspitze. Man fand auch hier und da auf dem südöstlichen Hügel verschiedene Wohnlagen, die auf die gleiche Periode zu datieren sind. Es ist aber deutlich, daß die Stadt im 10. Jh. auf den südöstlichen Hügel beschränkt war; an anderen Stellen in Jerusalem sind keine Besiedlungsreste aus dieser Periode angetroffen worden.

Es ist beinahe tragisch zu nennen, daß von allen Bauwerken, über die die Bibel so ausführlich berichtet, keine Spuren mehr anzutreffen sind. Den Palast, den David baute (2Sam 5,11.12), der Tempel (1Kö 6), die Paläste, die Salomo für sich selbst und für seine Frau, eine Tochter des Pharao, errichten ließ (1Kö 7,1–12): Archäologisch gibt es hierfür keine nachweisbaren Reste. Der Grund könnte in der Verwüstung der Gebäude liegen, wie es beim Tempel sicher der Fall sein dürfte. Oder darin, daß sie an der Spitze des Hügelrückens lagen, dem Ort, den man in herodianischer und römischer Zeit als Steinbruch benutzte.

Allgemein wird angenommen, daß der Tempel Salomos auf der Hügelspitze errichtet wurde, auf der sich jetzt der Felsendom und die El-Aksa-Moschee befinden. Über den Tempel Salomos ist im Laufe der Zeit viel geschrieben worden, aber von dem Gebäude selber fand man nie irgendetwas. Die Versuche einer Rekonstruktion des Gebäudes basieren hauptsächlich auf biblischen Angaben und Parallelen aus dem Gebiet des alten Israel und seiner Umwelt[1].

Ein leider nicht aus einer offiziellen Grabung stammender interessanter Gegenstand ist ein elfenbeinener Granatapfel, der in einem Antiquitäten-Geschäft Jerusalems auftauchte; er hat wahrscheinlich bei den Gottesdiensten im Tempel Verwendung gefunden. Dieses Exponat verschwand plötzlich, kam aber 1989 durch eine anonyme Spende in den Besitz des Israel Museums (Abb. 4.2)[2]. Der Granatapfel ist 4,3 cm hoch und hat wahrscheinlich als Knauf eines Stockes oder Stabes gedient. Diese Art von Stäben oder Zeptern mit Granatapfel sind u. a. in einem phönizischen Grab in Achziv, nördlich von Akko, gefunden worden. Das besondere dieser Granatäpfel ist deren Inschrift, die in das Elfenbein eingraviert ist. Aufgrund der Schrift (der Form der Buchstaben) wird der Apfel auf das 8. Jh. v. Chr. datiert. Ungefähr ein Drittel des Granatapfels und damit auch der Inschrift ist abgebrochen. Noch zu lesen ist: LBY ... H QDS KHNM. Dies kann übersetzt werden mit: „Eigentum des Hauses des Herrn, heilig für die Priester". Da die Reihenfolge der Wörter nicht geklärt ist, hat N. Avigad eine andere Übersetzung vorgeschlagen: „Geweihtes Geschenk an die Priester des Hauses des Herrn". Wie auch immer: Wenn der Gegenstand „echt" ist – und Fachleute zweifeln nicht daran –, dann wurde er durch Tempelprie-

1 Th.A. Businik, *Der Tempel von Jerusalem, von Salomo bis Herodes*, 2 Teile, Leiden 1970, 1980.

2 A. Lemaire, Une inscription paléo-hebraïque sur grenade en ivoire, *Revue Biblique* 88, 1981, S. 236–239. N. Avigad, The Inscribed Pomegranate from the „House of the Lord", *The Israel Museum Journal* Vol. VIII, 1989, S. 7–16. Dieser Artikel erschien auch im *Biblical Archaeologist* 53, 1990, S. 157–166.

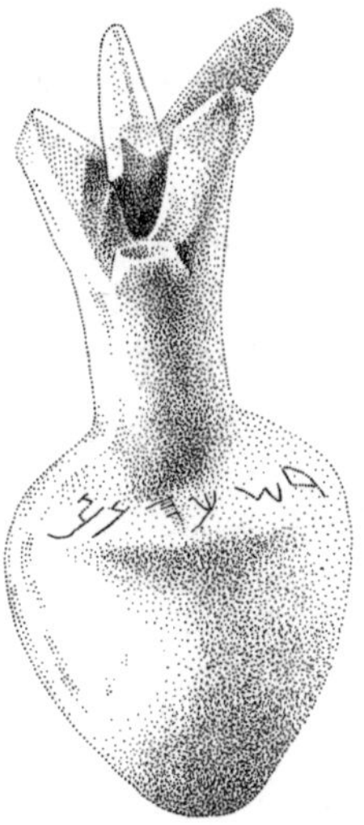

Abb. 4.2
Elfenbeinerner Granatapfel, 4,3 cm hoch, mit Inschrift. Zu sehen sind, von rechts nach links, die Buchstaben D S K H N M

ster in Jerusalem verwendet. Welche Funktionen der Granatapfel oder das Zepter genau hatten, ist nicht bekannt.

Zwischen dem Tempelgebäude im Norden und der Davidsstadt im Süden lag ein offenes Gebiet, das man „Ofel" nannte. Dies bedeutet „Buckel", aber auch „Zitadelle". Man nimmt an, daß Salomo hier seine Paläste und Verwaltungsgebäude errichten ließ. Es entstand ein neuer königlicher Stadtteil, umgeben mit einer Stadtmauer. Damit wurde die Fläche der Stadt auf 13 ha ausgeweitet, und die Einwohnerzahl stieg auf 5000 an. Bei Ausgrabungen im Norden dieses Stadtteils sind verschiedene Gebäude gefunden worden, von welchen das älteste ein großes Tor-Gebäude ist. Es stammt jedoch aus dem 9. Jh. v. Chr., also aus der Zeit nach Salomos Bauaktivitäten.[3]

Grabfelder aus der Eisenzeit

Obwohl fast 130 Jahre lang nach der Grablege der Könige von Juda geforscht wurde, ist diese bis heute nicht gefunden worden. Nach Angaben der Bibel wurden die ersten Könige in der Davidsstadt begraben (1Kö 2,10; 11,43). Beginnend mit der Zeit des Königs Hiskia, der Anfang

3 E. Mazar & B. Mazar, *Excavations in the South of the Temple Mount, The Ophel of Biblical Jerusalem,* Qedem 29, Jerusalem 1989.

des 7. Jhs. v. Chr. starb, werden verschiedene andere Orte, u. a. der „Garten von Uzza“ (2Kö 21,18) genannt. Aus einigen späteren Bibeltexten läßt sich entnehmen, daß die Grabstätte an der Südseite der Davidsstadt gelegen haben muß[4]. Die großangelegten Ausgrabungen von R. Weill zu Beginn des Jahrhunderts hatten als wichtigstes Ziel die Auffindung dieser Königsgräber. Er entdeckte zwei Tunnel, die durch spätere Steinbrucharbeiten stark beschädigt waren, und nannte sie die „Königlichen Grabkammern“ (Abb. 2.4). Nicht mehr viele Archäologen teilen gegenwärtig noch seine Ansicht.[5]

Die einzige Spur von einem Königsgrab ist der Fund einer Steintafel mit dem Text: „Hierhin wurden gebracht die Knochen von Uzzia, dem König von Juda. Nicht öffnen!“ Dieser auf aramäisch abgefaßte Text stammt aus dem 1. Jh. n. Chr., was darauf deuten könnte, daß die Gebeine des Königs Uzzia damals dorthin umgebettet worden sind. Ob es sich hierbei tatsächlich um die sterblichen Reste dieses Königs handelt, kann nicht nachgewiesen werden. Das Verbot hat Grabräuber letztlich doch nicht abgehalten.

Doch man fand eine Reihe von Gräbern aus der Eisenzeit. Mit ein wenig Glück können uns Gräber viel über die Bewohner eines Ortes vermitteln: Wie sie gekleidet waren, welchen Schmuck und welche Waffen sie trugen – durch oft mit ins Grab gelegte Beigaben –, etwas über die Unterschiede zwischen arm und reich, über religiöse Gebräuche und – wenn Skelettfunde gemacht werden – Angaben zu Alter und Gesundheitszustand der Menschen. Jedoch hatte man im Fall von Jerusalem nur einmal Glück. Beinahe alle Gräber waren bei ihrer Entdeckung leer: geplündert von Grabräubern oder bereits in der Antike ausgeräumt, da man die Räumlichkeiten als Lagerraum oder als Zisternen nutzen wollte. In byzantinischer Zeit wurden eine Reihe von Sarkophagen durch Mönche ausgeräumt, um darin zu wohnen. Auch die Steinbrucharbeiten in römischer und byzantinischer Zeit haben zur Verwüstung vieler Gräber beigetragen. Doch bieten selbst noch die leeren Gräber viele Informationen.

Insgesamt fand man an verschiedenen Orten im Umfeld der Stadt 110 eisenzeitliche Gräber (Abb. 10.4). Alle Gräber sind in den Fels gehauen und bestehen aus einer oder mehreren Kammern mit Bänken, auf welche die Verstorbenen gelegt wurden (Abb. 4.3). Ein Aufbewahrungsort

---

4 J. Simons, *Jerusalem in the Old Testament*, Leiden 1952, S. 201–205.

5 Vgl. aber J. Jeremias, *Heiligengräber in Jesu Umwelt*, Göttingen 1958, S. 53–60; A. Kuschke, in: K. Galling, *Biblisches Reallexikon*, Tübingen ²1977, S. 127 [Anm. des Hrsg.].

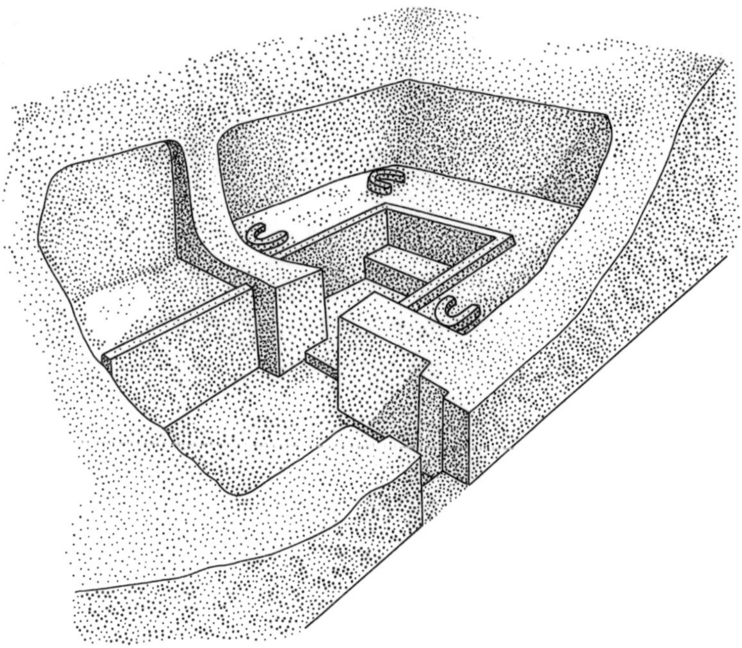

Abb. 4.3
Unterirdische Grabkammer aus der Späten Eisenzeit. Die Toten wurden auf Bänken an den Seiten aufgebahrt. Die hufeisenförmigen Kopfstützen sind für diese Gräber typisch.

diente als Raum für die Gebeine, wenn ein neuer Toter ins Grab gelegt wurde.

Unterhalb des Dorfes Silwan im Kidrontal, gegenüber der Davidsstadt, wurden ca. 50 Gräber gefunden, unter anderem drei „monolithische Grabmäler"[6]. Diese sind völlig aus dem Fels herausgehauen, so daß sie ein freistehendes Monument bilden, genau wie die viel später angelegten hellenistischen Gräber, welche mehr nördlich im Kidrontal aufgefunden wurden. Die drei Monolithen sind auch die einzigen Gräber, auf denen man eine Inschrift am Giebel fand, die jedoch leider nur an einer Stelle gut zu lesen ist. Der Text auf dem „Grab des Hofwürdenträgers" lautet: „Dies ist [das Grab von ...] Jahu, der über dem Haus war. Es gibt [hi]er

6 D. Ussishkin, The Necropolis from the Time of the Kingdom of Juda at Silwan, Jerusalem, *Biblical Archaelogist* 23, 1970, S. 43–36.

kein Silber oder Gold, [n]ur [seine Knochen] und die Knoch[en] seiner Sklavin/Frau mit ihm. Verflucht der Mensch, der dies öffnet!"[7]

„Der über dem Hause war" ist der Titel eines hohen Hofbeamten. Dies war also ein eigens für diesen Würdenträger gehauenes Grab. Auch die übrigen Gräber haben nur für ein oder höchstens zwei Personen Platz und werden für Gräber hoher Beamter gehalten.

Nördlich des Damaskus-Tores wurden vier sehr große Grabanlagen mit mehreren Grabkammern gefunden, wahrscheinlich Familiengräber von einigen der reichsten Jerusalemer Familien[8].

Im Westen der Stadt, auf dem „Ketef Hinnom" (der „Schulter des Hinnom"), von wo aus man auf den Tempelberg sah, wurde eine Reihe von Gräbern aus der Späten Eisenzeit gefunden (Foto 9)[9]. Nur *ein* Aufbewahrungsort entging den Grabschändern. Die Funde gaben nicht nur ein Bild davon, was in reichen Familien den Toten mitgegeben wurde, sondern auch weswegen es zur Grabräuberei kam. In dem Raum von 3,7 x 2 m wurden die Gebeine von mindestens 95 Individuen gefunden, zusammen mit ungefähr tausend Gegenständen. Neben einer Vielzahl irdener Krüge, Flaschen und Lampen fanden sich hier ungefähr vierzig eiserne Pfeilspitzen (hatten diese den Tod verursacht?), verschiedene beinerne und kupferne Gegenstände sowie sechs goldene und fünfundneunzig silberne Schmuckstücke: Armbänder, Ringe und Ohranhänger. In Kapitel 2 wurde bereits auf die Silberplättchen mit dem religiösen Text (Abb. 2.6) hingewiesen, die aus diesem Grabe stammen.

Aufgrund von Parallelen aus anderen Gegenden und aufgrund der Inschriften können alle diese Gräber auf die Späte Eisenzeit, also auf die Zeit ab dem 9. Jh. v. Chr., datiert werden. Eine genauere Bestimmung ist schwierig, weil Grabfunde fehlen. Nur zum Grabfeld von Ketef Hinnom gibt es größere Sicherheit; der Anfang liegt im späten 7. Jh. v. Chr., und die Belegung des Grabfeldes reichte bis in persische Zeit. Es handelt sich ausschließlich um (Familien-)Gräber der Elite, von hohen Beamten am Hof, reichen Handelsfamilien und Verwandten des Königs. Wo und wie die ärmeren Einwohner begraben wurden, ist unbekannt. Vielleicht lagen ihre Grabfelder weiter von der Stadt entfernt. Die schönsten Stellen – so nah wie möglich an der Stadt und vor allem am Tempel – waren zweifellos den Reichen vorbehalten.

---

7 Die Übersetzung ist von Klaas A.D. Smelik (die entsprechende Übertragung ins Deutsche vom Übersetzer).

8 G. Barkay & A. Kloner, Jerusalem Tombs from the Days of the First Temple, *Biblical Archaeology Review* XII, 1986, S. 22–39.

9 G. Barkay, *Ketef Hinnom, A Treasury Facing Jerusalem's Walls,* The Israel Museum, Jerusalem 1988

Ausweitung der Stadt im 8. und 7. Jahrhundert v. Chr.

Am Ende der Späten Eisenzeit kam es zu einer starken Ausweitung Jerusalems. Neue Stadtteile, sowohl auf dem West- als auch auf dem Südosthügel, kamen hinzu (s. Kapitel 10).

Lange bestand unter Archäologen und Alttestamentlern Streit, ob der Westhügel in der Späten Bronzezeit und der Eisenzeit bewohnt gewesen sei oder nicht. Die „Maximalisten" nahmen dies an, die „Minimalisten" aber gingen davon aus, daß die Stadt auf den südöstlichen Hügel (Abb. 4.4) beschränkt gewesen sei. Kathleen Kenyon hatte zur Lösung dieses Problems verschiedene Felder am Osthang des Westhügels ausgegraben. Die einzigen in dieser Zeit freizulegenden Flächen befanden sich an der Südseite dieses Hügels, wo keine Reste einer Besiedlung während der Eisenzeit auffindbar waren. Kenyon zog daraus den Schluß, daß der gesamte Westhügel in alttestamentlicher Zeit unbewohnt gewesen sein müsse. Die Felder waren jedoch zu wenig und das von ihr kartierte Gebiet so klein, daß bei weitem nicht alle ihre Ansicht teilten. Während der großangelegten israelischen Grabungen nach 1967 zeigte sich dann auch, daß im 8. Jh. v. Chr. durchaus eine Ausweitung der Stadt erfolgt war, die auch den Westhügel einschloß. Dort wurden Häuser mit Tongefäßen und Terracotta-Bildern gefunden.

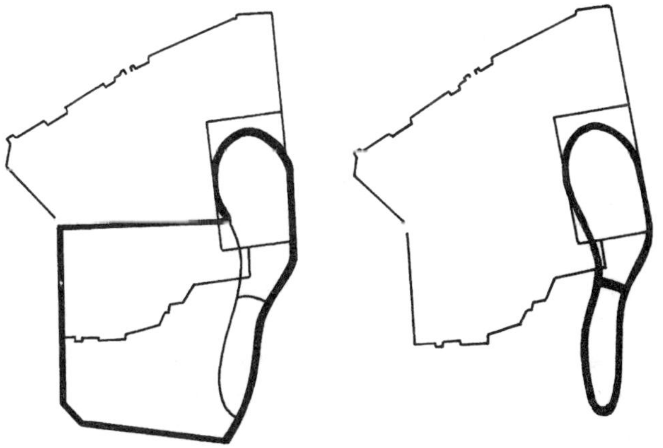

Abb. 4.4
Die „maximalistische" (links) und die „minimalistische" (rechts) Auffassung zur Stadtgröße Jerusalems während der Eisenzeit.

Den definitiven Beweis für eine Ausweitung der Stadt in Richtung Westhügel lieferte Avigad, als er zur Überraschung aller eine 7 m dicke Stadtmauer entdeckte. Diese Mauer, die über eine Länge von 95 m freigelegt wurde, ist über sämtliche oben genannten Häuser aus dem 8. Jh. hinweggebaut worden und stammt aus dem 8. oder dem beginnenden 7. Jh. v. Chr. In deren Umgebung wurden noch einige andere Mauerreste aus derselben Periode gefunden, aber die Beziehung zwischen diesen Befestigungsanlagen und der Stadtmauer ist nicht deutlich (Abb. 4.5). Diese Funde zeigen auf jeden Fall an, daß man spätestens zu Beginn des 8. Jhs. v. Chr., wahrscheinlich aus einer Raumnot heraus, auf dem Westhügel zu siedeln begann, relativ weit von der Quelle und den sicheren Stadtmauern entfernt. Am Ende jenes Jahrhunderts wurde dieser Stadtteil dann ummauert und so in die Stadt einbezogen. Wie die Mauer weiter im Süden verlief, weiß man nicht genau; auch hierzu gibt es verschiedene Theorien (s. Kapitel 10).[10]

Auch der südöstliche Hügel (die Davidsstadt) bekam neue Stadtmauern. Kenyon fand eine Mauer auf dem Osthang, die über einer Reihe älterer Gebäude aus dem 9. und 8. Jh. hinweggebaut worden war. Diese neue Mauer, die einen geschützten Weg an der Außenmauer besaß (Abb. 4.6), schloß wahrscheinlich an die Tempelterrasse an. Bei den Ausgrabungen von Shiloh an der Südseite des südöstlichen Hügels ist auch eine Stadtmauer aus dem 7. Jh. gefunden worden, welche genau wie die anderen Mauern über ältere Häuser hinweggebaut worden war. Auch diese Mauer beschützte einen neuen Stadtteil: auf Terrassen in den Felsen war eine Reihe von Häusern mit dazwischenliegenden Sträßchen und Treppen gebaut. Auf der obersten Terrasse stand ein imposantes Gebäude, 12 x 13 m groß, dessen Mauern aus großen, behauenen Steinen bestanden, wahrscheinlich ein öffentliches Gebäude.

Sowohl auf dem West-, als auch auf dem Südosthügel entstand also ungefähr im 8. Jh. v. Chr. ein Stadtteil, der zunächst nicht ummauert war. Erst später wurden Stadtmauern errichtet, um diese Stadtteile zu schützen. Offensichtlich hatte sich die Bevölkerung im Laufe des 8. Jhs. so stark vermehrt, daß innerhalb der Mauern kein Platz mehr war. Selbst die Bastion aus dem 10. Jh. v. Chr. wurde zum Wohnen genutzt (Abb. 4.1). Hierzu wurden Terrassen ausgehauen, auf welche sich dann Häuser bauen ließen. Deren Mauern waren einen Stein dick, und die Häuser machen durchaus keinen luxuriösen Eindruck. In dem Haus mit den Pfeilern wurde ein Ostrakon (eine beschriftete Scherbe) mit dem

10 Vgl. den „Nachtrag: Ausgrabungen 1989–1996“ (S. 157–159) [Anm. des Hrsg.].

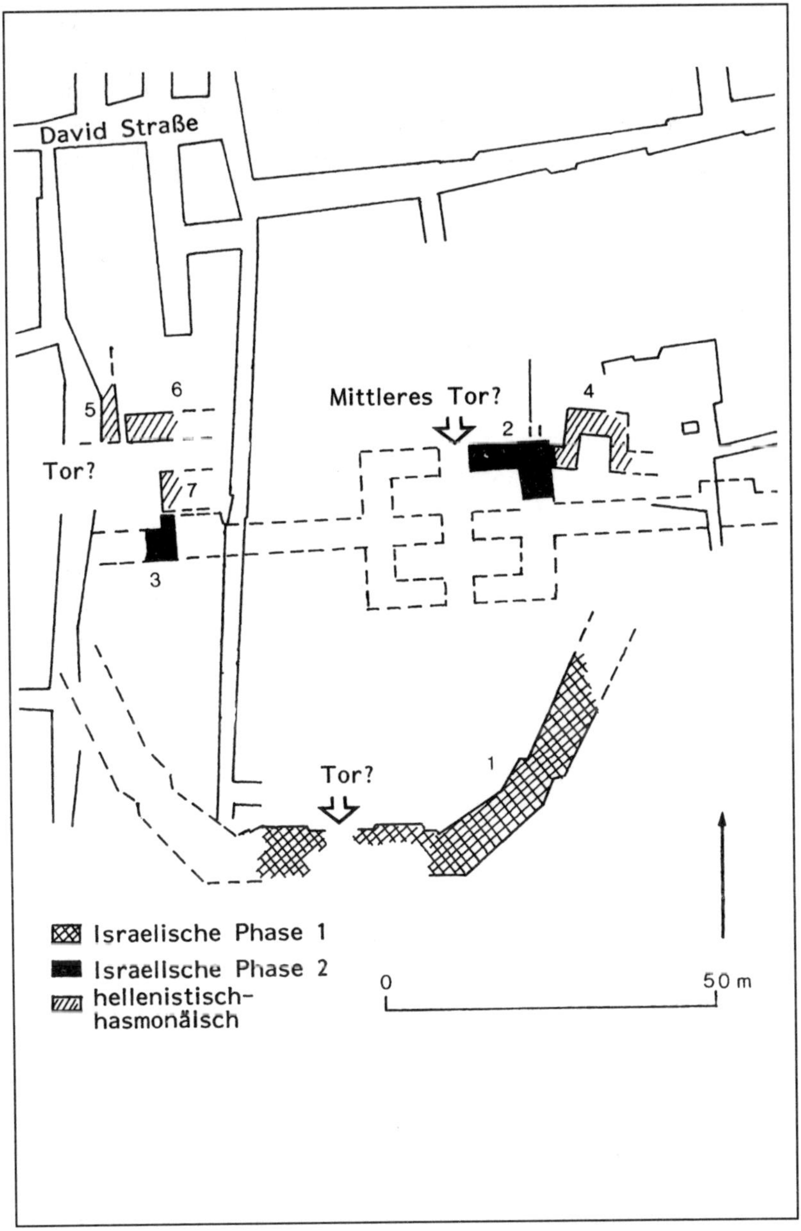

Abb. 4.5
Grundriß eines Teils der Ausgrabungen im jüdischen Stadtteil der Altstadt

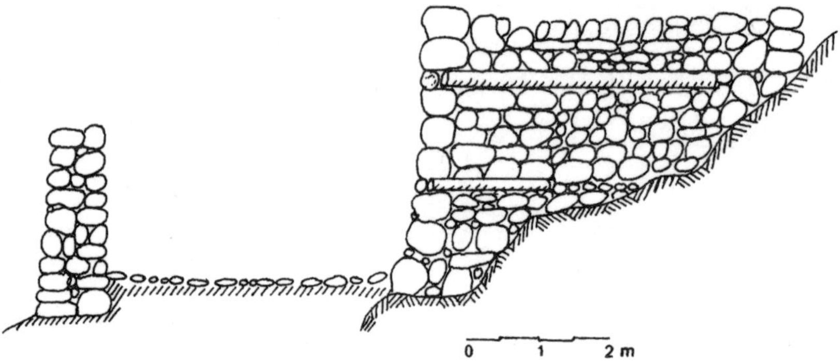

Abb. 4.6
Rekonstruktion eines „geschützten Weges", der während der Eisenzeit außen um die Stadtmauer verlief.

Namen „Achiël" gefunden; dieses Haus wird deshalb das „Haus von Achiël" genannt. In einem kleinen Zimmer an der Nordseite wurde ein halbrunder Stein mit einem darin befindlichen Loch gefunden, der über einem zweieinhalb m tiefen Loch lag. Haben wir es hier mit einem antiken WC zu tun?

Das Wachstum der Stadt könnte mit der Zerstörung des Nordreichs und seiner Hauptstadt Samaria im Jahre 722 v. Chr. und dem Feldzug des Assyrers Sanherib gegen Juda im Jahre 701 im Zusammenhang stehen. Es muß einen Strom von Flüchtlingen gegeben haben. M. Broshi hat errechnet, daß die Stadt damals von 13 auf 50 ha zunahm und die Bevölkerung von fünf- auf zwanzigtausend Menschen anwuchs[11].

In der Bibel wird berichtet, wie u. a. die Könige Usija, Jotam, Hiskia und Manasse in Jerusalem Verteidigungsanlagen anlegten (2Chro 26,9; 27,4; 32,5; 33,14).

Es ist jedoch schwierig, den einzelnen Königen bestimmte Mauern zuzuschreiben, da wir hierfür zu wenig Angaben haben. Dies gilt sowohl für die Berichte zur Besiedelung, wie sie in der Bibel beschrieben wird, als auch für die archäologischen Bestimmungen der Mauern. Wir müssen uns den Bau einer Stadtmauer wohl eher als ein Langzeitprojekt vorstellen, das durch den einen König begonnen und durch den nächsten beendet wurde.

11 M. Broshi, La Population de l'ancienne Jérusalem, *Revue Biblique* 82 (1975), S. 5–14.

Zugang zum Wasser aus der Gihon-Quelle und deren Schutz war eine wichtige Aufgabe der Könige; schließlich hing die Existenz der Stadt davon ab. In Kapitel 3 wurde der Warren-Schacht beschrieben, durch den es – über einen unterirdischen Tunnel und einen Schacht – möglich wurde, Wasser unbeobachtet zu schöpfen. Wollte man jedoch die Menschen im neuen Stadtteil auf dem Westhügel mit Wasser versorgen, mußte mehr unternommen werden.

Im Alten Testament werden ein Wassertunnel und ein Teich erwähnt, die König Hiskia (725–697 v. Chr.) anlegen ließ (2Kö 20,20; 2Chro 32,30). Noch heute wird in Jerusalem ein Wasserversorgungssystem benutzt, das genau der biblischen Beschreibung entspricht: der Siloah-Tunnel, der 1867 durch C. Warren gründlich untersucht wurde, besteht aus einem ungefähr 512 m langen Gang, der das Wasser der Gihon-Quelle zu einem Auffangbecken im Süden der Stadt, dem „Teich Siloah", führt. Nahe der Mündung des Tunnels wurde 1880 von einem Arbeiter Conrad Schicks eine in den Felsen eingemeißelte althebräische Inschrift gefunden (Abb. 4.7). Dort heißt es:

„[Vollendet wurde] der Durchbruch. Und so verhielt es sich mit dem Durchbruch: Als noch [die Steinhauer schwangen] die Beilhacken, jeder auf seinen Genossen zu, und als noch drei Ellen zu durchschlagen [waren, wurde gehö]rt die Stimme eines jeden, der seinen Genossen rief, denn es war ein Spalt im Felsen von rechts nach [link]s. Und am Tage des Durchbruchs schlugen die Steinhauer – jeder auf seinen Genossen zu – , Beilhacke gegen Beilhacke. Da floß das Wasser vom Ausgangsort zum Teich an 1200 Ellen; und einhundert Ellen betrug die Höhe des Felsens über den Köpfen der Steinhauer."[12]

Das Besondere des Textes besteht darin, daß nicht der König, sondern die Steinmetze im Mittelpunkt stehen. Man hat sich immer den Kopf darüber zerbrochen, warum der Tunnel so gewunden ist (Abb. 10.4) und wie sich die Arbeiter – aus zwei Richtungen im Felsen entgegenarbeitend – erreichen konnten. Darauf sind viele findige Antworten bedacht worden, doch die wahrscheinlichste Lösung ist die, daß man einer natürlichen Wasserader folgte und den bestehenden Spalt nur noch weiter aushackte, bis das Wasser durchströmen konnte[13]. Dies erklärt auch den enormen

---

12 K. Galling, *Textbuch zur Geschichte Israels*, Tübingen ³1979, S. 66–67 [Anm. des Hrsg.].

13 M. Hoberman, A Note on the Siloam Tunnel, Hezekiah's Waterway from the spring Gihon to the Siloam Pool, *Levant* 9, 1977, S. 174–175. Vgl. auch den „Nachtrag: Ausgrabungen 1989–1996", S. 157 [Anm. des Hrsg.].

Abb. 4.7
Siloah-Inschrift aus dem Tunnel Hiskias.

Unterschied in der Höhe des Tunnels: Fast überall im Tunnel beträgt die Höhe 1,80 m, an einigen Stellen aber 3 bis 4 m.

Auch heute noch strömt aus der Quelle Wasser zum „Siloah-Teich". Vom ursprünglichen Teich ist jedoch nichts mehr übrig geblieben. Im Laufe der Zeit ist dieser verschiedentlich neu errichtet worden. So sind noch Mauerreste und Pfeiler aus der römischen und byzantinischen Periode zu sehen.

Alltagsleben

Kleine Gegenstände wie Geschirr, Terracotta-Figuren und Gewichte können viel über das Alltagsleben in Jerusalem erzählen. Eine Reihe interessanter Funde stammen aus den Häusern, die auf der Bastion gebaut worden waren: In einem Zimmer wurden 34 Steingewichte mit der Aufschrift 2, 4 und 8 Schekel gefunden (Abb. 4.8). Ein Schekel wog ungefähr 12 gr. War dies vielleicht das Haus eines Kaufmannes?

In den Überresten eines durch die Babylonier 586 v. Chr. niedergebrannten Hauses fand man 51 *bullae.* Diese Marken dienten zur Versiegelung von Schriftrollen und waren mit dem Namen oder dem Zeichen des Absenders versehen. Auf den Ton wurde das Siegel des Absenders eingeprägt (Abb. 4.9). Weil das Haus bei der Zerstörung Jerusalems verbrannte, wurden die Ton-Siegel gebrannt und blieben so erhalten. Der Satz auf diesen Siegeln lautet jeweils: Eigentum von X, Sohn des Y. Von den 51 aufgefundenen Siegeln sind 41 mit Namen versehen erhalten geblieben, die man teilweise mit den Namen in Büchern der Bibel in Verbindung bringen kann,

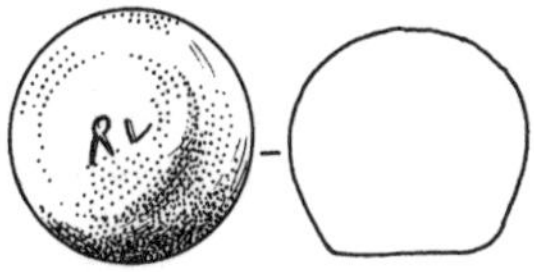

Abb. 4.8
Kleines Steingewicht mit einem Zeichen für 1 Schekel (ungefähr 12 gr.).

die aus dem 7. Jh. v. Chr. (Königreich Juda) stammen. So wird in Jeremia 36,10–12 Gemarja, der Sohn des Kanzlers Schafan, genannt. Auf Bulla Nr. 2 kommt die gleiche Namenskombination vor: Gemarja Ben Schafan. Dies könnte ein Abdruck seines persönlichen Siegels sein. Y. Shiloh geht davon aus, daß es sich hier nicht um ein Privatarchiv handelte; in diesem Fall müßte man die Namen häufiger antreffen, z. B. von Freunden oder Geschäftspartnern. Vielleicht war es Teil eines offiziellen Archivs, und wir haben es mit einem öffentlichen Gebäude zu tun.

Überall in der Stadt, in Häusern, Gräbern und Schutthaufen finden sich Statuetten, wie sie auch andernorts in der Eisenzeit häufig anzutreffen sind: kleine Frauenfiguren, deren Köpfe getrennt in einer Schablone angefertigt und anschließend auf den zylindrischen Körpern befestigt wurden (Abb. 4.10). Ursprünglich waren sie mit Weißkalk bestrichen und danach mit roter und schwarzer Farbe bemalt. Sie haben zweifellos bei den religiösen Verrichtungen des Volkes eine Rolle gespielt, aber wir wissen nicht, welche. Nach Meinung verschiedener Archäologen stellen sie

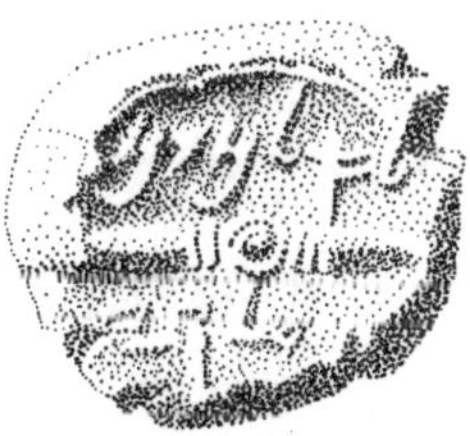

Abb. 4.9
Bulla mit dem Siegeldruck von „Elnathan, (Soh)n von Bilgai".

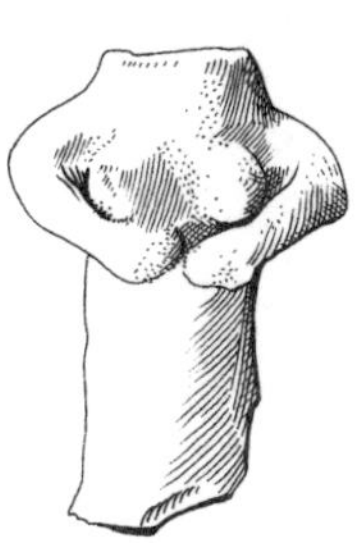

Abb. 4.10
Statuetten mit einem getrennt gefertigten Köpfchen.

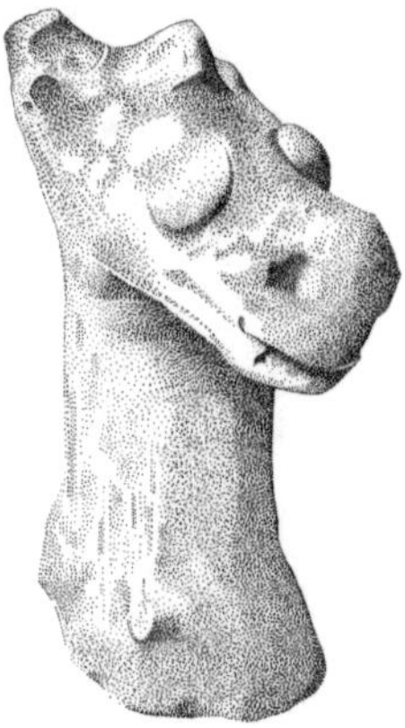

Abb. 4.11
Das „lachende Pferd"

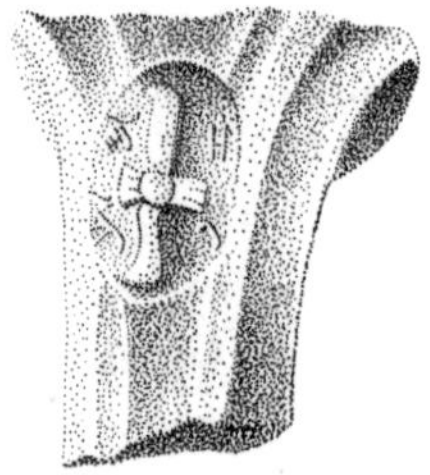

Abb. 4.12
Siegeldruck im Henkel eines Kruges. Die Buchstaben L M L K sind zu erkennen, was „für den König" bedeutet.

eine Göttin dar, nach Meinung anderer sind es Amulette. Außerdem gibt es Figuren von Rindern und Pferden, manchmal mit einem Reiter versehen. Diese sind insgesamt nicht gerade wirklichkeitsgetreu, sondern eher roh ausgeführt (Abb. 4.11).

Andere interessante Funde sind die Siegeleindrücke auf Henkeln von Krügen und einige Ostraka (beschriftete Scherben). Die Siegeleindrücke sind von persönlichen Siegeln oder von „Lamelek"-Siegeln. Auf diesen sieht man ein zwei- oder vierflügeliges Tier, die Buchstaben LMLK (Lamelek: *von dem König* oder *für den König*) und einen Ortsnamen (Abb. 4.12). Heute geht man davon aus, daß sie gegen Ende des 8. Jhs. v. Chr. hergestellt wurden und daß es sich hierbei um Siegel von Vorratskrügen aus Steuerabgaben in Naturalien handelt[14].

Wie schon berichtet, war die von Kathleen Kenyon gefundene Stadtmauer über verschiedene andere Bauwerke hinweggebaut worden. In der

14 P. Welten, *Die Königs-Stempel*, Wiesbaden 1969; H. Mommsen und I. Perlmann, The Provenience of the lmlk-jars. *Israel Exploration Journal* 34, 1984, 89ff.

Nähe fand man eine große Grotte, die als „Cave I" bekannt ist (Fotos 4–5). Die Grotte hatte die typische Form eines Eisenzeit-Grabes, aber man fand keine menschlichen Überreste. Sie war mit ungefähr 870 unbeschädigt gebliebenen Töpfen (Schalen, Kochtöpfe, Krüge), sehr vielen Scherben und 85 Figuren – Statuetten und Tier-Figürchen – gefüllt. Kenyon interpretierte die Grotte als „Favissa", als Aufbewahrungsort in der Nähe einer Kultstätte für Tongefäße, in welchen sich die Opfergaben befunden hatten. Man geht davon aus, daß diese Tongefäße deswegen als geweiht angesehen wurden und daß man sie nicht mehr für den Normalgebrauch benutzen durfte.

Die Untersuchung in Leiden geht eher in die Richtung eines Volksheiligtums[15]. Man ging zur Grotte, um einen Eid abzulegen, bei einer alten Frau einen Rat einzuholen oder um ein Opfer zu bringen. Die nebenstehenden Gebäude dienten als Herberge für Pilger und umherziehende Händler. Die Gesamtanlage hat man sich als kleinen Stadtteil nahe des Zugangs zur Quelle vorzustellen, wo täglich viele Menschen vorbeikamen. Daß dieser Stadtteil in den Augen der städtischen Behörden nicht wichtig war, ist daraus zu schließen, daß die spätere Stadtmauer gnadenlos über die Grotte und die dazugehörenden Gebäude hinweggebaut wurde.

Der Leidener Archäologe H. J. Franken hat bei seinen Tonscherbenstudien die gewöhnlichen Einrichtungsgegenstände in den Küchen der Späten Eisenzeit rekonstruiert. Zu diesem Zweck untersuchte er Tonwaren aus den Funden Kenyons, indem er die Beziehungen zwischen den verschiedenen Geschirrsorten errechnete. Es zeigte sich, daß ungefähr 7 Prozent aller aufgefundenen Scherben von Kochtöpfen stammen und 47 Prozent von Schalen und Schüsseln, ein für die Späte Eisenzeit typisches Verhältnis.

Diese Art von Untersuchung läßt sich nur durchführen, wenn man über viele Scherben verfügt; bei kleineren Mengen werden die entsprechenden Zahlen leicht unzuverlässig. Man muß hierbei beachten, daß es verschiedene Bruchstücke gibt: Kleine Schüsseln beispielsweise zerbrechen schneller als Vorratskrüge, weil sie intensiver benutzt werden. Wenn wir davon ausgehen, daß eine durchschnittliche Familie jährlich einen Wasserkrug benötigte, so gab es ansonsten in der Küche einen flachen Teller für Oliven und Käse, sieben Schüsseln für die täglichen Speisen, zwei oder drei große Vorratsschüsseln, in welchen man Wasser oder Wein aufbewahrte, einen Vorratskrug und einen Kochtopf (Abb. 4.13). In den meisten Häusern fehlten Lampen und kleine Krüge. Getrunken wurde offensichtlich aus Eßschüsseln, da man keine Becher fand. Der Kochtopf wurde

15 H. J. Franken und M. L. Steiner, *Excavations at Jerusalem 1961–1976, The Extramural Quarter on the South-east Hill*, Oxford 1990, S. 125–129.

Abb. 4.13
Kücheninventar aus der Späten Eisenzeit

zum Kochen von Suppen benutzt, Fleischpfannen gab es kaum. Wahrscheinlich gab es nur hin und wieder gekochtes Essen, denn es wurden verhältnismäßig wenig Kochtöpfe gefunden. Diese Zahl ist vor allem klein, wenn man bedenkt, daß Kochtöpfe verhältnismäßig schnell zu Bruch gingen und entsprechend ersetzt werden mußten. Vielleicht hat dies auch mit einer Verarmung der Bevölkerung zu tun; in römischer Zeit liegt die Zahl der Kochtöpfe viel höher.

Diese Art Kücheninventar fand man übrigens in dieser Form bisher sonst nirgendwo. Es geschieht schließlich selten, daß man ein ganzes Zimmer freilegen kann; oft sind nämlich die ursprünglich auf dem Boden befindlichen Tongefäße mit Scherben aus Schutt vermischt.

Die Zerstörung der Stadt

Im Jahre 587 v. Chr. wurde Jerusalem durch die Babylonier eingenommen. Die Stadt wurde in Brand gesteckt und ein Teil der Bevölkerung in die Gefangenschaft geführt. Die Spuren dieser Zerstörung sind bei den Ausgrabungen deutlich zutage getreten. Viele Gebäude lagen zerstört unter Schutt begraben, die Böden zeigten Brandspuren. Der Osthang des südöstlichen Hügels wurde mit einer dicken Schuttschicht von eingestürzten Gebäuden bedeckt und danach nie wieder besiedelt. Die von Avigad ausgegrabene Fläche am Fuß der Stadtmauer war von verkohlten Holzresten, Asche und einzelnen Speerspitzen übersät. Dieses Areal ist eins der deutlichsten Zeugnisse für den Kampf um Jerusalem.

5. Nach der Gefangenschaft – Die babylonische und persische Zeit (587–333 v. Chr.)

Angaben zur Stadt zwischen 587–333 v. Chr. sind großenteils dem Alten Testament entnommen. Aus archäologischen Untersuchungen ist dagegen nur wenig bekannt. Die meisten Spuren aus dieser Zeit sind durch die späteren Bauaktivitäten Herodes des Großen verlorengegangen.

Nachdem Teile der Bevölkerung Judas durch die Babylonier in die Gefangenschaft geführt worden waren, blieben nach 2. Könige 25,12 nur die „Armen des Landes" als Bauern und Landarbeiter zurück. Das bereits im vorigen Kapitel genannte Grab von Ketef Hinnom zeigt jedoch, daß immer noch Menschen in Jerusalem lebten, die ihre Toten in dieser reichen Familiengruft bestatteten. Denn diese Grabstätte wurde bis ungefähr 400 v. Chr. ununterbrochen genutzt.

Als die Perser die Babylonier besiegt hatten, gab Kyrus 538 v. Chr. den Exulanten die Erlaubnis zur Rückkehr nach Jerusalem. Von den ersten Heimkehrern unter der Führung Scheschbazars wird berichtet, sie hätten die Tempelgeräte mit nach Jerusalem gebracht (Esra 1,7–11). Um 520 v. Chr. begann unter der Führung des Serubbabel der Wiederaufbau des Tempels, der ungefähr 515 v. Chr. vollendet wurde. Dieser Tempel, ein recht schlichtes Gebäude, stand auf der Terrasse aus salomonischer Zeit, die durch Serubbabel wiederhergestellt worden war. Auch von diesem Tempel fehlen jegliche Spuren, doch vielleicht existieren solche von der Tempelterrasse.

Der heutige „Tempelplatz", auf dem jetzt der Felsendom und die El-Aksa Moschee stehen, stammt aus der Zeit Herodes des Großen, der Serubbabels Tempel in großem Stil neu errichtete und dabei die Terrasse bedeutend erweiterte. In der Ostmauer der herodianischen Terrasse findet man eine Naht in ungefähr 30 m Abstand vom südöstlichen Terrassenabschluß (Abb. 5.1). Südlich davon sieht man die großen, flachbehauenen Steine, wie sie Herodes verwendete, aber nördlich liegen kleinere Steine mit einer hervorspringenden Maserung. Eine der möglichen Erklärungen für die unterschiedlichen Steinarten wäre, daß die kleineren Steine aus der persischen Zeit stammen und ein Teil aus der Terrasse Serubbabels sind.

Kaum 70 Jahre nach dem Wiederaufbau des Tempels reiste Nehemia von Jerusalem nach Persien, um Artaxerxes um eine Erlaubnis für den

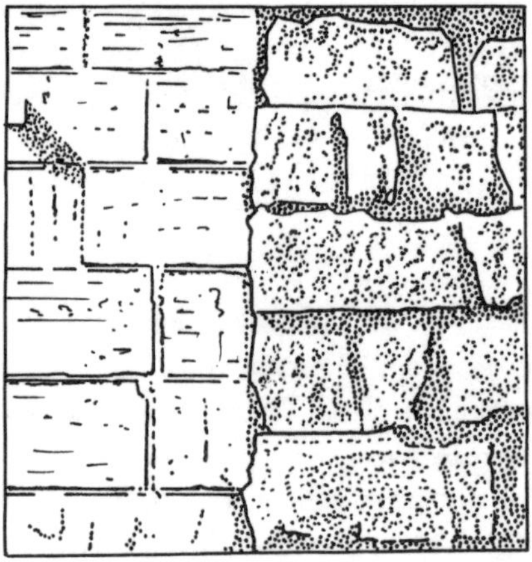

Abb. 5.1
„Naht" in der östlichen Stützmauer der Tempelterrasse. Links die großen, flachen Steine aus der herodianischen Periode, rechts die kleineren aus der persischen oder hellenistischen Zeit.

Wiederaufbau der Mauer zu ersuchen (Neh 2,1–8). Eine zeitliche Bestimmung ist nicht leicht; wir wissen nämlich nicht, von welchem Artaxerxes hier die Rede ist. Wahrscheinlich geht es um Artaxerxes I., und Nehemia kehrte im Jahr 445 v. Chr. nach Juda zurück. In Nehemia 2,12–16 wird anschaulich beschrieben, wie er nachts auf seinem Esel durch die Stadt ritt, um die Ruinen in Augenschein zu nehmen. In einer Rekordzeit von nur 52 Tagen wurden die Mauern wiederaufgebaut (Neh 6,15).

Zur Frage der Größe Jerusalems in persischer Zeit und welche Mauern Nehemia genau aufbaute, gab es einen jahrelangen Disput zwischen Archäologen und Alttestamentlern. Die weitreichendste Auffassung ging dahin, daß auch der Westhügel ummauert gewesen sei; die eingeschränktere Ansicht bestand darin, die Stadt sei auf den Südwesthügel (der Davidsstadt) beschränkt gewesen, also genau, wie bei den Vorstellungen zur Größe Jerusalems während der Späten Eisenzeit. Bei den Ausgrabungen auf dem Westhügel, im Armenischen und Jüdischen Viertel der Altstadt, in der Zitadelle und auf dem Berg Zion fand man nirgendwo Reste aus persischer Zeit. Nehemia baute wohl lediglich die Mauern rund um den südöstlichen Hügel wieder auf; größer hätte die Stadt angesichts der kleinen, hier wohnenden Menschengruppe auch nicht sein müssen.

Auf dem Osthang dieses Hügels, wo die Stadtmauern aus der Mittleren Bronze- und der Eisenzeit verliefen, wurde keine spätere Mauer mehr angetroffen. Hier lag offensichtlich so viel Schutt, daß neue Mauern auf dem Hügelrücken gebaut werden mußten. Ein paar Überreste hiervon fanden sich bei der Ausgrabung von Kathleen Kenyon. Auf dem Hang selber wurden wohl eine Reihe verschiedener Schuttlagen aus persischer

Zeit gefunden, in denen sich viele der charakteristischen Krughenkel mit Siegeln befanden. Auf diesen Siegeln, die genau wie die LMLK-Siegel der Eisenzeit wahrscheinlich eine Verwaltungsfunktion hatten, stehen die Buchstaben YHD oder YHWD, *Yehud*, die Bezeichnung der persischen Provinz, die Juda damals war (Abb. 5.2).

Abb. 5.2
„Yehud"-Stempelaufdruck im Henkel eines Kruges.
Die Buchstaben Y H W D sind als „Provinz Juda" zu lesen.

Im Buch Nehemia sind viele topographische Angaben zu Jerusalem zu finden: Das Quellentor, das Fischtor, das Taltor und andere Tore, der Backofenturm, die Breite Mauer, der Palast Davids, die „Spitze" und die „Gräber Davids" und der Königsteich, um nur einige zu nennen. Es scheint eine dankbare Aufgabe zu sein, aufgrund dieser Angaben einen Grundriß anzufertigen, und verschiedene Wissenschaftler haben sich hierauf spezialisiert[1]. Die Archäologie jedoch hat die verschiedenen Hypothesen nicht bestätigen können. Vom Jerusalem aus persischer Zeit ist noch immer nicht viel mehr bekannt als seine Lage und sein Umfang.

---

1 Siehe z.B. H.H. Grosheide, *Deernis met haar Puin*, Kamper Kahier no. 27, Kampen o.J. Auch: M. Avi-Yonah, The Walls of Nehemia, a minimalist view, *Israel Exploration Journal 4* (1954), S. 239–248.

6. Die früh-hellenistische Zeit und die Erweiterung der Stadt unter den Makkabäern (333–63 v. Chr.)

Wer in Jerusalem Spuren aus hellenistischer Zeit sucht, muß sich mit einer bescheidenen Ausbeute zufriedengeben. Die bekanntesten und augenfälligsten Beispiele hellenistischer Architektur sind die Grabmonumente im Kidrontal: Das Grabmal Absaloms, die Grabanlage des Joschafat, das Grab des Zacharia und das der Bene Hesir. Im westlich gelegenen Stadtteil Rehavya liegt das reich geschmückte Grab Jasons (ca. 100 v. Chr.). Das Fehlen weiterer Überreste aus dieser Zeit wird der enormen Bautätigkeit der nachfolgenden herodianischen Periode zugeschrieben.

In schriftlichen Quellen aus dieser Periode wird Jerusalem jedoch oft erwähnt. Wir finden viele Angaben bei Josephus (Jüdische Altertümer XII), in apokryphen Büchern (1. und 2. Makkabäer) und in dem sogenannten Brief des Aristeas[1]. Wer diese Texte für die topographische und archäologische Forschung nutzen will, wird viel Unsicheres und Ungeklärtes feststellen. Es ist für uns immer noch nicht restlos geklärt, was mit bestimmten topographischen Hinweisen wie z. B. „Stadt Davids", „Oberstadt" oder „Unterstadt" genau gemeint war. Diese Schwierigkeiten spielen vor allem bei der Ortsbestimmung der Akra, einer Zitadelle aus der Regierungszeit des Antiochus IV. Epiphanes (175–164 v. Chr.) eine Rolle.

Die hellenistische Zeit wird meist in zwei Abschnitte unterteilt. Die erste Periode unter der Herrschaft durch die aus Ägypten stammenden Ptolemäer und danach durch die syrischen Seleukiden zwischen 333 und 165 v. Chr. nennt man entsprechend die früh-hellenistische Periode; die Zeit nach der Eroberung Jerusalems durch die Makkabäer oder Hasmonäer im Jahre 165 v. Chr. bis zur Ankunft der Römer bezeichnet man als spät-hellenistisch oder auch makkabäisch.

Die Erweiterung der Stadt unter den Makkabäern

Die Größe der Stadt in früh-hellenistischer Zeit war wie in der persischen Periode auf den Tempelberg und die Davidsstadt beschränkt. Erst in der

1 N. Meisner, Aristeasbrief, in: *Jüdische Schriften aus hellenistisch-römischer Zeit II/1*, Gütersloh [2]1977, S. 35–85 [Anm. des Hrsg.].

makkabäischen Periode breitete sich Jerusalem wieder über den Westhügel aus. Bereits bei früheren Ausgrabungen hatte man bei der Zitadelle (Johns), südlich davon (Broshi) und auch am südlichen Rand des Zionsberges (Bliss und Dickie) Mauerfragmente aus der hasmonäischen Zeit gefunden. In der Davidsstadt entdeckte Macalister während seiner Grabungen 1923–1925 einen Turm, den er anfangs David zuschrieb, den Kenyon jedoch als makkabäisch identifizierte, wahrscheinlich ein Werk des Hohenpriesters Jonathan (Bruder des Judas Makkabäus), der um 143 v. Chr. den Befehl zum Ausbau und zur Verstärkung der Stadtmauern gab.

Josephus berichtet, daß es im ihm bekannten Jerusalem drei Mauern gäbe (Jüdischer Krieg V 136). Er gibt eine Beschreibung von jeder dieser Mauern: Von der sogenannten Ersten Mauer berichtet er, daß sie die älteste und am wenigsten einnehmbare Mauer Jerusalems sei. Nach seiner Ansicht hatten bereits David, Salomo und die anderen Könige der judäischen Monarchie diese Mauer errichtet. Zum Verlauf dieser Mauer schreibt er: „Im Norden bei dem sogenannten Hippikosturm beginnend, lief sie zum Xystos, schloß sich dann an die Ratshalle an und endigte an der westlichen Halle des Heiligtums“ (Jüdischer Krieg V 142).[2]

Zum Verlauf der Nordgrenze dieser Mauer gab es unter den Forschern, die von der Beschreibung des Josephus und den geographischen Gegebenheiten ausgingen, nur wenige Meinungsverschiedenheiten. Doch bis zum Beginn der israelischen Grabungen in diesem Gebiet gab es hierzu kaum archäologisch verwertbare Angaben. Bei seinen Ausgrabungen auf dem Westhügel entdeckte Avigad in „Feld W“ eine feste Konstruktion aus dem 8. Jh. (Abb. 4.5). Diese Verstärkung war Teil eines großen hasmonäischen Verteidigungssystems. Untersuchungen zur Beziehung dieser Bauwerke aus zwei verschiedenen Zeitabschnitten zeigten, daß die eisenzeitliche Konstruktion im 2. Jh. v. Chr. zusammen mit der hasmonäischen Befestigung als ein Ganzes funktionierte. Die Hasmonäer integrierten offensichtlich in ihre Stadtmauer Reste alter Verteidigungsanlagen. In diesem Licht kann man den Hinweisen des Josephus zur Ersten Mauer Glauben schenken.

Die Lage der Akra

Obwohl an verschiedenen Orten früh-hellenistische Überbleibsel wie die Krughenkel aus Rhodos, Münzen und Glas gefunden wurden, ist fast

2 Für eine detaillierte Beschreibung vgl. R. Riesner, in: *Das Große Bibellexikon II*, Wuppertal – Gießen [2]1991, S. 668–670 [Anm. des Hrsg.].

nichts über die Lage wichtiger Gebäude bekannt, die zu dieser Zeit in der Literatur genannt werden.

Eines der größten und bis jetzt ungelösten Rätsel ist die Lage der stets mit griechischem Namen bezeichneten „Akra", einer Zitadelle oder Befestigungsanlage, die im Jahre 169/168 v. Chr. durch die seleukidischen Befehlshaber unter Antiochus IV. Epiphanes in der Unterstadt errichtet wurde als Stützpunkt hellenistischer Reform. In 1. Makkabäer 1,36 lesen wir: „Dann legten sie eine heidnische Besatzung dorthin, gottlose Leute, deren Zahl immer größer wurde." Für die Ausmaße der Stadt in dieser Übergangszeit von früh- zur spät-hellenistischen Zeit dürfte es wichtig sein, die Lage der Akra zu kennen.

Die Archäologen, die den Standort der Akra zu bestimmen hoffen, stützen sich notgedrungen auf die Andeutungen, die sich in den Makkabäerbüchern, bei Josephus und auch in einigen Texten aus der rabbinischen Literatur, wie in Megillat Ta'anit (Fastenrolle) finden lassen. Josephus ist in seiner Beschreibung am genauesten. Er stellt fest, daß die Akra in der Unterstadt gelegen habe, aber so hoch war, daß man von dort aus den Tempel übersehen konnte (Jüdische Altertümer XII 252). Nach dem Sieg der Makkabäer im Jahre 165 v. Chr. blieb die Burg noch eine bestimmte Zeit lang bestehen. In Jüdische Altertümer XIII, 6 berichtet er, daß Simon, ein Bruder des Judas Makkabäus, die Akra zerstört und sogar den darunterliegenden Hügel abgetragen habe, „damit der Tempel einen um so majestätischeren Eindruck mache". Dies soll sich im Jahre 141 v. Chr. zugetragen haben.

Seit im 19. Jh. das Interesse für Archäologie und Topographie des alten Jerusalem zu wachsen begann, haben viele Gelehrte sich mit der Lage der Akra befaßt. Im Laufe der Zeit wurden mindestens acht verschiedene Möglichkeiten genannt, u. a. der Ort der Burg Antonia; ein Gebiet bei der Zitadelle in der heutigen Altstadt; irgendwo im westlichen Stadtteil; in der Davidsstadt oder auf dem Tempelplatz (Abb. 6.1). Aufgrund neuerer Ausgrabungen auf dem Westhügel und in der Nähe des Tempelplatzes erhielten diese Diskussionen neue Nahrung. Sollte hier etwas zu finden sein, was die Probleme lösen konnte?

Vincent, Abel, Kenyon und Avi-Yonah waren Befürworter für eine Lage der Akra auf dem Westhügel. Sie begründeten ihre Entscheidung unter anderem mit 2. Makkabäer 4,9 , wo von einem Antiochien in Jerusalem gesprochen wird. Wenn man hierbei an eine griechische Polis nach hellenistischem Bauplan denkt, so hätte dies nur auf der großen Fläche des Westhügels sein können. So wären entsprechend die hellenisierten Juden durch das tief eingeschnittene Tyropöon-Tal von den mehr traditionell

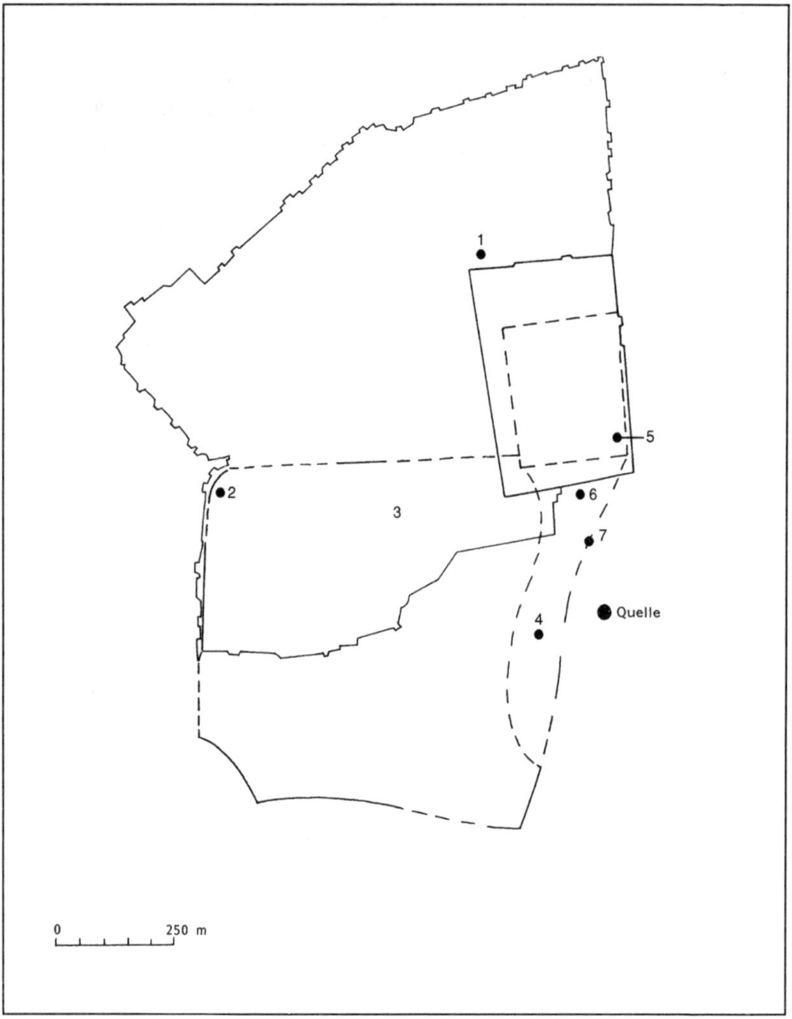

Abb. 6.1

Karte mit den möglichen Standorten der Akra

1. Bei der Burg Antonia (C. W. Wilson)

2. Bei der Zitadelle (K. M. Kenyon)

3. Auf dem Westhügel (F. M. Abel, L. H. Vincent und M. Avi-Yonah)

4. In der Davidsstadt (J. Simons)

5. Auf dem Tempelplatz (Y. Tsafrir)

6. Südlich des westlichen Hulda-Tores (M. Ben-Dov)

7. „Feld G" aus der Grabung von Y. Shiloh (L. Dequeker)

orientierten Juden in der Nähe des Tempels getrennt gewesen. Auch auf älteren Karten des alten Jerusalem trifft man diese Ansicht oft an. Archäologische Forschungen auf dem Westhügel brachten – auch während der neueren Ausgrabungen von Avigad und Broshi – keinerlei Funde, die eine solche Theorie stützen würden. Historiker wiesen darauf hin, daß der Name „Antiochien" nicht notwendigerweise eine eigene Stadt andeuten müsse, sondern daß es ebensogut die griechische Andeutung für das gesamte Jerusalem sein könnte. Damit fiele die Notwendigkeit für eine Bestimmung der Akra auf dem Westhügel dahin.

In einigen Übersichten der letzten Jahre[3] wird als Ort für die Akra nur noch auf den südöstlichen Hügel südlich des Tempelgebietes verwiesen. Wichtig ist hierbei der Hinweis des Josephus, daß es von der Akra aus möglich gewesen sei, den Tempel zu übersehen. Y. Tsafrir weist auf den sogenannten „Seam" oder „Joint", eine senkrechte Naht in der östlichen Terrassenmauer, 30 m von der südöstlichen Ecke entfernt (Abb. 5.1). Er sieht hierin kein Überbleibsel aus persischer Zeit, sondern unterscheidet zwei Bauschichten: Die obere Schicht stamme aus der Zeit der Hasmonäer, die sechs unteren Steinreihen wären älter und könnten Bestandteile des Akra-Podiums sein.

M. Ben-Dov bezweifelt die Schlüssigkeit dieser Argumentation. Die Juden hätten niemals erlaubt, daß ihre Gegner in so geringem Abstand ein solch hohes Gebäude in der Nähe des Tempelkomplexes hätten bauen können. Als Möglichkeit weist er vielmehr auf eine etwa 40 m südlich des westlichen Hulda-Tores gelegene Stelle. Bei Ausgrabungen fand er dort die Reste von Ritualbädern und auch von Häusern aus der Zeit des zweiten Tempels. Darunter lag jedoch ein großer (15 x 20 m) gepflasterter Teich, der mit Schutt von Scherben, Siegelabdrücken und Henkeln von Weinkrügen mit griechischen Aufschriften, alles Gegenstände aus dem 3. und 2. Jh. v. Chr., zugeschüttet war. Aufgrund dieser Entdeckung meint Ben-Dov, daß an diesem Ort ein großes hellenistisches Gebäude wie die Akra gestanden haben könnte, eine These, die sich im übrigen aber auf wenig konkrete Beweise stützt.

Schließlich kommt L. Dequeker nach einer interessanten Gegenüberstellung der schriftlichen und historischen Angaben zu den archäologischen Funden zu dem Schluß, daß das Fehlen des früh-hellenistischen Stratums 8 in Feld G aus Shiloh's Ausgrabungen in der Davidsstadt in

---

3 Y. Tsafrir, The location of the Seleucid Akra in Jerusalem, *Revue Biblique* 82, 1975, S. 501–521. M. Ben-Dov, *In the Shadow of the temple,* Jerusalem 1985, S. 65–71. L. Dequeker, The city of David and the Seleucid Acra in Jerusalem, in: *The Land of Israel. Crossroads of civilisations,* Leuven 1985, S. 153–210.

Verbindung gebracht werden könnte mit der zerstörten Akra am selben Ort.

Weitgehend Übereinstimmung besteht darüber, wo die Akra nicht gestanden haben kann: auf dem Westhügel; für den tatsächlichen Standort gibt es aber noch immer keine konkreten Anhaltspunkte.

Übrige Bauwerke

Wir haben absichtlich etwas ausführlicher das Rätselraten um den Standort der Akra erörtert, weil dies typisch für fast alle bekannten Bauwerke aus hellenistischer Zeit ist. Die Festung Baris, wahrscheinlich errichtet nach der Rückkehr aus der Gefangenschaft (Habira, die Stärke, Neh 7,2) und verstärkt durch Johannes I. Hyrkan (135–104 v. Chr.), den Sohn Simons, liegt vielleicht unter der Burg Antonia nördlich des Tempelkomplexes.

Auch vom Palast der Hasmonäer, der nach Josephus so hoch gelegen haben soll, daß man von hier aus den Innenhof des Tempels einsehen konnte, gibt es keinerlei Spuren.[4] Avigad vermutet, daß er im nordöstlichen Teil des heutigen Jüdischen Viertels lag. Dort konnten jedoch noch keine weitergehenden Untersuchungen durchgeführt werden, jedoch sind an anderen Stellen im Jüdischen Viertel Reste von Gebäuden aus der Zeit der Hasmonäer gefunden worden. Wahrscheinlich ist auch hier durch die herodianische Bauphase vieles verlorengegangen, aber zahlreiche in den Felsen gehauene Zisternen und Bäder aus der hasmonäischen Zeit weisen klar auf eine Besiedlung hin.

Wassertunnel

Während der Ausgrabungsarbeiten im Frühjahr 1987 wurde entlang der gesamten westlichen Terrassenmauer ein 488 m langer Tunnel entdeckt. Dessen südlichster Punkt liegt in der Nähe des Mist-Tores; er endet auf der anderen Seite in der Nähe des Damaskus-Tores in einem überwölbten Raum, der in der Hasmonäerzeit als Aquädukt diente. Dieses stand

4 Zur Lage des Hasmonäer-Palastes vgl. auch den „Nachtrag: Ausgrabungen 1989–1996" (S. 165–167) [Anm. des Hrsg.].

mit dem Teich unter dem Ecce-Homo-Kloster der Zionsschwestern an der Via Dolorosa in Verbindung. D. Bahat meint, daß es ein Wassertunnel aus der Zeit der hasmonäischen Könige im 2. Jh. v. Chr. gewesen sei. Bei späteren Baumaßnahmen unter Herodes dem Großen wurde der Wasserlauf an zwei Stellen durchschnitten; an einer Stelle durch die neue Mauer rund um den Tempelbezirk.

Der Tunnel ist von Bedeutung für das Wissen um den west-östlichen Verlauf der Mauer um den Tempelbereich und gibt darüberhinaus Auskunft über die Komplexität der Wasseranlagen in einer Periode, von welcher man bis dahin wenig wußte.

Übrige Funde

Auf dem Westhügel fand man an verschiedenen Stellen mit griechischen Aufschriften versehene Krughenkel von Rhodos und eine Reihe von Vorratskrügen (Amphoren) mit dem auf dem Henkel geschriebenen Wort „Jerusalem“ (Abb. 6.2). Nach Ansicht Avigads existieren die Krüge mit der Aufschrift „Jerusalem“ erst seit dem 2. Jh. v. Chr. Die aufgefundenen Münzen lassen sich auf das 3. Jh. v. Chr. bestimmen, die Zeit der Ptolemäer, bis hin zu Mattathias Antigonus (40–37 v. Chr.), dem letzten Hasmonäerkönig.

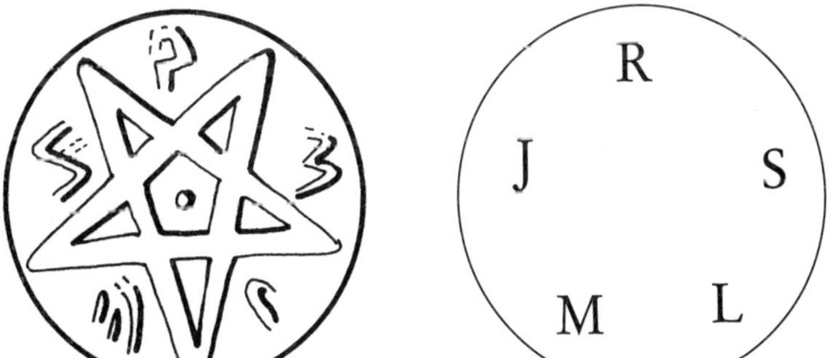

Abb. 6.2
Stempel auf dem Henkel eines Vorratskruges aus dem 2. Jh. v. Chr. Rund um das Pentagramm – einem fünfzackigen Stern – stehen in althebräischer Schrift die Buchstaben J R S L M – Jerusalem.

Die hellenistische Periode ist ein Teil dessen, was in jüdischer Ausdrucksweise als Zeit des Zweiten Tempels bezeichnet wird. Zwischen der Rückkehr aus der Gefangenschaft und der Zerstörung des Tempels im Jahr 70 n. Chr. wurde Jerusalem wiederholt zum Schauplatz verschiedener Kriege, aber sie haben keine Spuren hinterlassen. In den archäologischen Funden sieht man keinen scharfen Einschnitt zwischen den einzelnen Zeitepochen. Viel eher läßt sich von einer allmählichen Entwicklung sprechen, wodurch eine präzise Bestimmung der Gegenstände oft schwerfällt. Wie lange waren Münzen im Umlauf, und wer brachte sie als erster nach Jerusalem?

Die Konturen des hellenistischen Jerusalem sind durch die verschiedenen Ausgrabungen klarer geworden. Wie die Stadt innerhalb der Mauern aber im einzelnen aussah, ist noch immer ein Rätsel.

7. Von Herodes dem Großen bis zur Zerstörung Jerusalems (37 v. Chr.–70 n. Chr.)

Bis jetzt war der Bericht über Grabungsfunde recht dürftig: Auch wenn es über den Mauerverlauf in und um Jerusalem in den zurückliegenden Perioden das eine oder andere zu berichten gab, mußten wir uns für alles übrige mit dürftigen Funden begnügen und konnten über den Standort wichtiger Gebäude meist nur Vermutungen anstellen. Völlig anders sieht es aus im Blick auf die Zeit Herodes des Großen und die seiner Nachfolger. Im Jahre 63 v. Chr. eroberte der römische Feldherr Pompejus Jerusalem und machte Judäa zu einer römischen Provinz. Johannes II. Hyrkan aus dem Geschlecht der Makkabäer blieb wohl in seiner Funktion als Hoherpriester, aber über kurz oder lang wurden die Makkabäer durch den Idumäer Antipater und seine Söhne verdrängt, welche die Gunst der Römer zu erlangen wußten. Im Jahre 37 v. Chr. nahm Herodes der Große (37–4 v. Chr.), Sohn des Antipater, mit römischer Hilfe Jerusalem ein und wurde zum König von Judäa ernannt. Das blieb so bis zu seinem Tod. Danach kamen drei Söhne des Herodes an die Macht (Archelaos, Herodes Antipas und Philippos) und verwalteten gemeinsam die verschiedenen Teile des Königreiches. In den Jahren 66–70 brach ein großer Aufstand der Juden gegen die römischen Besatzer und ihre Vasallen aus, der mit der Zerstörung der Stadt und des Tempels, ja mit der Vertreibung aller Juden aus Jerusalem endete.

Herodes, obwohl mit einer makkabäischen Prinzessin verheiratet, war bei seinen jüdischen Untertanen nicht beliebt. Er regierte mit brutaler Gewalt; Gegner und Rivalen wurden allesamt aus dem Wege geräumt. Auch den Mitgliedern des hasmonäischen Königshauses widerfuhr das gleiche Schicksal. Jedoch gibt der Namenszusatz „der Große" zu erkennen, daß seine Regierungszeit einen nachhaltigen Eindruck hinterließ. Innerhalb und außerhalb Jerusalems setzte er viele Bauvorhaben um. Einerseits wollte er sich damit die jüdischen Einwohner günstig stimmen; vor allem ein Projekt wie die Neugestaltung des Tempels dürfte dazu beigetragen haben. Dennoch darf man hierin nicht die einzige Triebfeder für seine enormen Baumaßnahmen suchen. T. A. Busink bezeichnet die Bauwut des Herodes als „dionysischen Schöpfungsdrang", eine Art Größenwahn, wodurch er sich über jeden anderen erhaben fühlte.

In den Werken des Josephus wird eine Stadt geschildert, die an Pracht ständig zunahm (Jüdischer Krieg V 136ff.). Herodes baute nicht nur einen Palast für sich selbst, er verstärkte auch die Zitadelle mit drei Türmen, die er nach seinem Bruder Phasael, seinem Freund Hippikus und seiner Frau Mariamne nannte. An dem Ort der Festung Baris wurde die Burg Antonia errichtet.

Der Bau des Tempels

Sein größtes Unternehmen war jedoch der erweiterte Umbau des nach der Babylonischen Gefangenschaft neuentstandenen Tempels von Serubbabel. Hierzu ließ er das Plateau, auf dem der Tempel stand, zu einem trapezförmigen Platz ausweiten, welchen er rundherum mit schweren Stützmauern aus gewaltigen Steinquadern umgab. Die Länge der Westmauer betrug 485 m, die der südlichen 281 m. Die Ostmauer maß 470 m und die nördliche 315 m. Der Tempelplatz wurde von einer Säulengalerie eingefaßt (siehe Abb. 7.2).

Von den umliegenden Straßen ermöglichten verschiedene Tore über unterirdische Tunnel den Zugang zum Tempelplatz. Ein anderer Eingang wurde von einer Art Brücke (Viadukt) gebildet, die zwischen dem Wohnbezirk auf dem Westhügel und dem Tempel auf dem Osthügel verlief. Der heutige Wilsonbogen war ein Teil aus der Fundierung dieses Bauwerkes. Eine Reihe herausragender Steine sowohl an der West-, als auch an der Ostmauer lassen darauf schließen, daß es mehrere solcher Torzugänge gegeben hat. Neben den Schilderungen des Josephus gibt auch der Mischna-Traktat Middot (Maße) Informationen zum Ausmaß des Tempelplatzes und zu seinen Toren[1].

Spätere Jerusalem-Reisende haben immer viel Interesse für den Tempelplatz und seine Umgebung gezeigt. Einer von ihnen, Edward Robinson, ein amerikanischer Theologe des 19. Jhs. identifizierte während seiner Reisen durch Palästina viele Orte der Bibel. Bei seinem Besuch Jerusalems beschrieb er eine Reihe großer, vorstehender Steine, 12 m nördlich des Südwestabschlusses des Platzes[2]. Diese Struktur, die seither „Robinsonbogen" genannt wird, betrachtete er als den Ansatz

---

1 Eine kritische Ausgabe, die auch das Verhältnis der Mischna-Angaben zu Josephus diskutiert, ist O. Holtzmann, *Middot (Von den Maßen des Tempels)*, Gießen 1913. Vgl. auch „Nachtrag", S. 161–162. [Anm. des Hrsg.].

2 E. Robinson, *Biblical Researches in Palestine I*, Boston 1841.

einer Brücke, die genau wie die mehr nördlich gelegene Brücke vom Westhügel her Zugang zum Tempelplatz verschafft haben soll. Ch. Warren bekräftigte in seinem Buch *Underground Jerusalem* (1876) diese Ansicht. Er berichtete, daß er in gleichen Abständen Reste von Pfeilern angetroffen habe, auf denen diese Brücke geruht haben müsse.

Archäologische Forschung am Tempelplatz

Auf dem Tempelberg selbst gab es bisher nur wenig Gelegenheit zu intensiven Nachforschungen, denn sowohl von seiten der Moslems wie auch von seiten der orthodoxen Juden hat man sich hiergegen gewehrt. Den Muslimen gilt der „Haram esch-Scharif" (das verehrungswürdige Heiligtum), wie sie diesen Ort nennen, neben Mekka und Medina als heiliger Ort. Nach ihrer Überlieferung begann von hier aus die Himmelfahrt des Propheten Mohammed (Koran, Sure 17). Die beiden Heiligtümer auf diesem Platz, die El-Aqsa-Moschee und der Felsendom, stehen deshalb in hohem Ansehen. Viele Juden sind beim Betreten des Tempelberges sehr zurückhaltend, weil hier der Tempel Salomos gestanden hat. Weil man den genauen Standort nicht kennt, könnte nämlich ein Besucher unfreiwillig den Ort des Allerheiligsten betreten.

Einige Details, wie z.B. die Lage von Zisternen und den Aufbau der sogenannten „Ställe Salomos", bei denen es sich um unterirdische Vorratskammern in der südöstlichen Ecke des Platzes handelt, kennt man dennoch. Diese „Ställe" gehen übrigens keineswegs auf die Zeit Salomos zurück. Die früheste Befestigung, die sogenannte Stützhalle, ist wahrscheinlich ein architektonisches Element aus herodianischer Zeit[3]; bei den übrigen Teilen gehen die Meinungen stark auseinander; Busink dachte an die früh-islamische Zeit.

Die Archäologen haben sich bisher vor allem mit dem Gebiet außerhalb der Mauern des Tempelplatzes begnügen müssen. Im Jahre 1867 grub Ch. Warren mit türkischer Erlaubnis in der Nähe des Tempelplatzes Schächte, um den Verlauf der Mauern unter der Erde zu ergründen (Kapitel 2). Einer dieser Schächte, 18,5 m tief, kann noch heute an der Nordseite des großen Platzes an der Westmauer („Klagemauer") unterhalb des Wilsonbogens besichtigt werden. Nach der Wiedervereinigung Jerusalems 1967 unternahmen die israelischen Archäologen recht zügig

3 Th. A. Busink, *Der Tempel von Jerusalem II,* Leiden 1980, S. 961.

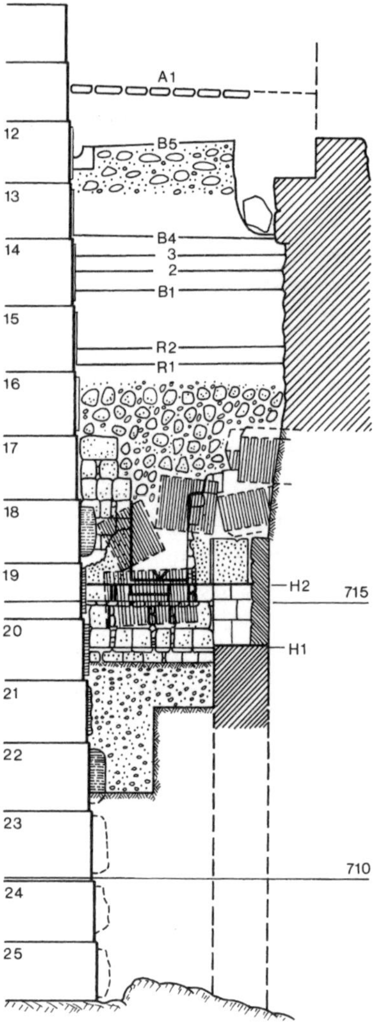

Abb. 7.1
Querschnitt durch die südliche Straße entlang der Tempelumfassungsmauer. Links die Steine der Tempelumfassungsmauer, rechts die Höhenlinien der Ausgrabungen. Von oben nach unten kann man folgende Ausgrabungslagen erkennen:
A – arabische Periode, 7.–10. Jh. n. Chr., u. a. mit Gebäuden der Omajjaden
B – byzantinische Periode, 4.–6. Jh. n. Chr., fünf verschiedene Bebauungslagen von Konstantin dem Großen bis hin zur arabischen Herrschaft
R – römische Periode, 70–324, Aelia Capitolina
H – herodianische Periode – Bauwerke von Herodes und seinen Nachfolgern. Bei der Zerstörung des Tempels im Jahre 70 n. Chr. fielen große Steinquader der Tempelumfassungsmauer auf das Straßenpflaster

Ausgrabungen um den Tempelplatz herum. Die Untersuchungen wurden südlich eines Teils der auch als „Klagemauer" bezeichneten Westmauer nicht weit unter dem „Robinsonbogen" begonnen. Seit 1968 gibt es dort an der Westseite und auch südlich an der Umfassungsmauer Ausgrabungen (s. das Übersichtsfoto auf der Umschlagsseite). Hierbei kam viel – vor allem aus der Zeit des Herodes – ans Licht, aber auch aus nachfolgenden Epochen (Abb. 7.1).

Rekonstruktion

Schon oft wurden aufgrund von schriftlichen und archäologischen Angaben Rekonstruktionen von Jerusalem zur Zeit des Herodes angefertigt. Vor allem Christen hatten hieran ein großes Interesse, da dies der Zeitabschnitt ist, über welchen das Neue Testament berichtet. Die bekannteste aktuelle Rekonstruktion ist auf dem Gelände des Holy Land Hotels in Jerusalem das Modell, welches 1966 aufgrund archäologischer und schriftlicher Hinweise unter Leitung von M. Avi-Yonah angefertigt wurde (Fotos 10–11). Mit einem Maßstab von 1:50 liefert das Modell ein Bild der Stadt im Jahre 66 n.Chr. Durch die Ausgrabungen der letzten 20 Jahre rund um den Tempelberg und auf dem Westhügel wurde viel Wissenswertes über diese Zeit ergänzt; das Modell wurde immer wieder entsprechend abgeändert. Von den jetzigen Ausgrabungen am Tempelberg erstellt der Niederländer Leen Ritmeyer viele Rekonstruktionszeichnungen. Bei der Beschreibung dieser Ausgrabungen folgen wir seiner Übersichtszeichnung (Abb. 7.2) [4].

Ausgrabungen rund um den Tempelberg

Um eine Übersicht über die Ausgrabungen entlang der westlichen und südlichen Umfassungsmauer zu erhalten, beginnen wir mit dem sog. „Wilsonbogen". Dieser ist in dem Unterbau der nördlichsten Begrenzung des Platzes zu erkennen, der „Ketten-Straße", welche einen Zugang zum Tempelplatz bildet. Der Bogen wurde in den Jahren 1867–70 durch Charles Wilson, einem Teilnehmer an einer Expedition von Ch. Warren, entdeckt und trägt noch immer seinen Namen. Durch den Bogen gelangt man in einen Gewölbekomplex. Mit einer Spannweite von ca. 13 m wölbte sich der über 15 m breite Bogen über das 23 m tiefer gelegene Tal. In seiner heutigen Form ist der Bogen ein Neubau aus herodianischer Zeit, ausgeführt mit römischen Baustoffen. Einer der hierbei verwendeten Steine trägt eine lateinische Inschrift. Wenn man durch die Hallen und Säulengänge hinter dem Bogen läuft, gelangt man zu einem Raum, der „Halle der Freimaurer" genannt wird; zur Zeit Warrens wurde hier ein Treffen dieser Vereinigung abgehalten. M. Ben-Dov, der als Archäologe bei den

4 Vgl. dazu auch den „Nachtrag: Ausgrabungen 1989–1996" (S. 161–162) [Anm. des Hrsg.].

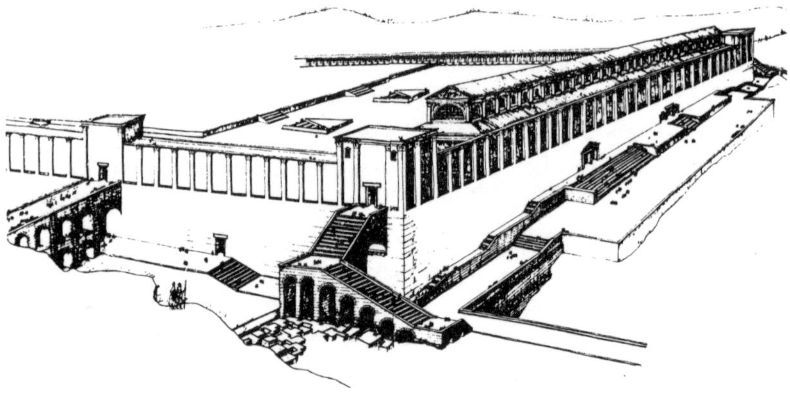

Abb. 7.2
Rekonstruktionszeichnung der West- und Südmauern der Tempelterrasse zur Zeit des Herodes.
V.l.n.r.: Die westliche Straße entlang des Wilsonbogens, des Barclay-Tores und des Robinsonbogens hin zur königlichen Säulenhalle; die südliche Straße entlang der doppelten und dreifachen Hulda-Tore, die über unterirdische Aufgänge zur Tempelterrasse führten. Auch beim südöstlichen Abschluß ist ein Teil des Treppensystems zu sehen.

Ausgrabungen und der Erforschung dieses Komplexes zuständig war, vermutet, daß diese „Säulenhalle" die untere Etage dessen darstellt, was Josephus als Xystus bezeichnet, ein Bauwerk, das aus der Makkabäerzeit oder vielleicht aus einer noch früheren Epoche stammt.

Warrens Untersuchung war damals darauf angelegt, die Höhe und den Verlauf der Tempelumfassungsmauer zu erkunden. Er war von den gewaltigen Steinquadern beeindruckt, mit denen diese Mauer errichtet worden war (Abb. 7.3). Die Blöcke sind im Durchschnitt 1–1,20 m hoch und haben eine Länge von 1–3 m, gelegentlich sogar bis zu 14 m. Die Stärke der Steine beträgt annähernd 5 m, einige wiegen über 200 Tonnen. Die Steine aus herodianischer Zeit haben ein charakteristisches Äußeres. Die Vorderseite fällt durch die glatt bearbeitete Oberfläche auf; die Quader weisen einen exakten Randschlag mit glatten, flachen Bossen auf. Die untersten Reihen, die offensichtlich nicht gesehen werden sollten, haben dagegen eine viel rauhere Oberfläche.

Die unterschiedlichen Steinlagen sind so genau bearbeitet, daß man sie ohne Mörtel vermauern konnte. Um das Gewicht des großen, aufgefüllten Platzes auffangen zu können, sind die Steinreihen von unten

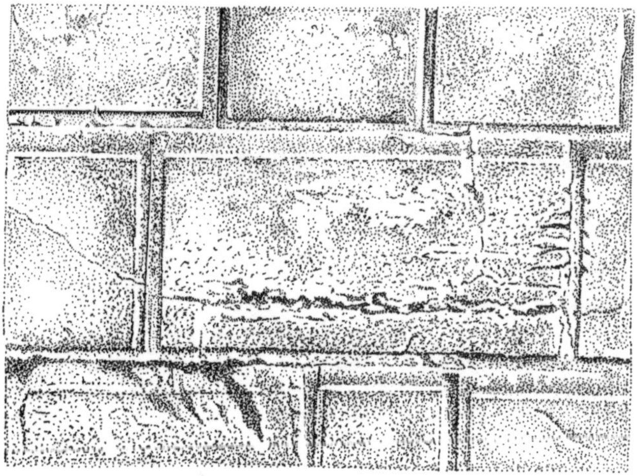

Abb. 7.3
Große Steine in der Umfassungsmauer des Tempelplatzes.
Die Seitenränder wurden glatt gearbeitet, der mittlere Teil hatte meist eine etwas rauhere Oberfläche. Durchschnittlich wogen die Steine zwischen 2 und 5 Tonnen.

nach oben jeweils zwei bis drei Zentimeter nach hinten versetzt angeordnet worden. Die Anzahl der Steinlagen, die zur Stützung des viel höher gelegenen Tempelplatzes benötigt wurden, ist wegen des hügeligen Geländes entlang des Abschnittes unterschiedlich. So beträgt der Höhenunterschied zwischen dem Felsen an der Südwestecke des Tempelplatzes und dem 156 m nach Osten gelegenen dreifachen Hulda-Tor 17 m. In der Südostecke, wo der Fels zum Kidrontal hin abfällt, erreicht die Mauer 55 m Höhe. Der größte Teil davon ist noch immer zu sehen.

Entlang der Westmauer, vom Wilsonbogen in südlicher Richtung folgend, findet man den Teil, der von den Juden die „Westmauer" oder „ha-Kotel" (die Mauer) genannt wird. Nicht-Juden nennen sie die „Klagemauer". Seit der Zerstörung des Tempels im Jahre 70 n. Chr. versammeln sich hier – möglichst nahe am Allerheiligsten des Tempels Salomos – Juden zum Gebet. 14 Steinlagen des herodianischen Baus sind sichtbar, 21 liegen im Schutt verborgen. Dieser Teil der Mauer erstreckt sich über eine Länge von 57 m vom Wilsonbogen bis hin zu einem zugemauerten Tor, bekannt unter dem Namen Barclay-Tor.

Der Robinsonbogen

Mit großen Erwartungen begann man die Grabungen südlich der Klagemauer im Bereich des Robinsonbogens. Der Ansatz dieses Bogens besteht aus vier Steinreihen, die aus der Mauer hervortreten. Zusammengenommen haben sie eine Länge von 15,2 m (Abb. 7.4). Obwohl hierüber alle literarischen Quellen schweigen, hatten verschiedene Forscher und Archäologen die Idee, daß – wie beim Wilsonbogen – auch diese Steine der

Abb. 7.4
Der Robinsonbogen
Die Westmauer der Umfassungsmauer des Tempelplatzes mit einer Reihe herrausragender Steine an der Südseite, die den Ansatz zu einem Bogen eines Treppensystems bildeten, das Zugang zum Tempelplatz bot.

Foto 1
Mit Steinen gefüllte Terrassen gegen Ende der Späten Bronzezeit. Sie dienten als Unterbau für eine Zitadelle.

Foto 2
Luftaufnahme von der treppenförmigen Bastion aus dem 10. Jh. v. Chr. Die darüberliegenden Häuser wurden gegen Ende der Eisenzeit gebaut.

Foto 3
Synagogeninschrift von Theodotos, harter Kalkstein, herodianische Zeit, Rockefeller-Museum. Diese Inschrift, die 1914 im Südteil des Ofels gefunden wurde, ist die älteste Information über eine Synagoge in Jerusalem.

Foto 4
Kleines gepflastertes Zimmer, gebaut vor dem Eingang einer großen Grotte, die mit irdenen Gefäßen und Figuren gefüllt war.

Foto 5
In der Grotte lagen Schalen, Kochtöpfe und Figuren kreuz und quer durcheinander.

Foto 6
Keltischer Reiter, Bronze, gefunden im Lager der Zehnten Römischen Legion am Fuße des Tempelberges. Ein nahezu identisches Exemplar wurde im 19. Jh. in London am Ufer der Themse entdeckt.

Foto 7
Teil des restaurierten byzantinischen Cardo: Teile von Säulen mit korinthischen Kapitellen.

Foto 8
Restauriertes Zimmer in dem „prächtigen Palais“ („Palatial Mansion“), mit Mosaikboden, Möbeln, Töpfen und becherförmigen Steinfässern. Wohl Achaeological Museum, Jerusalem.

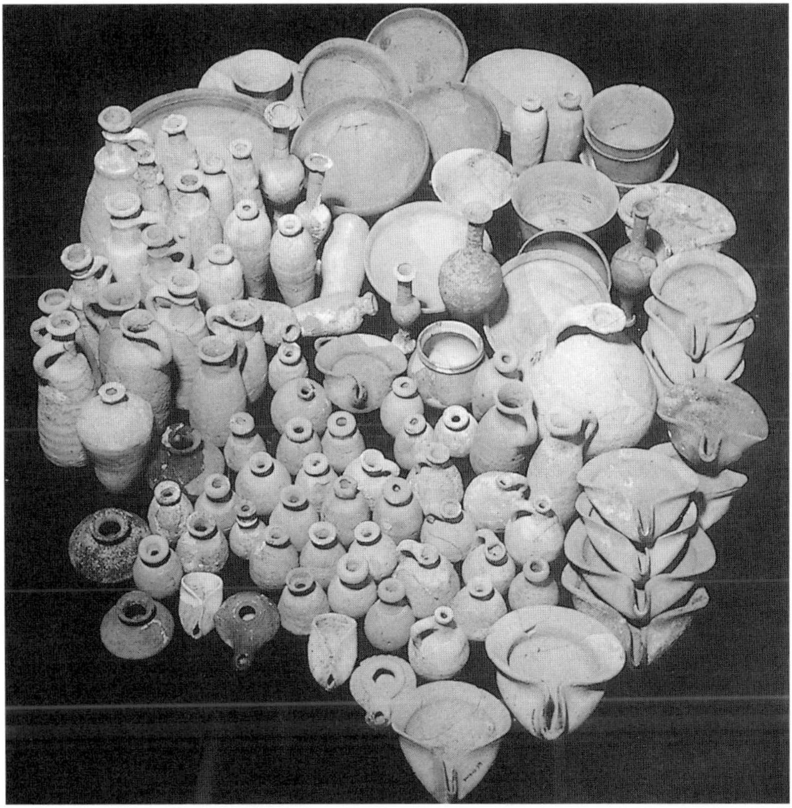

Foto 9
Funde aus einem Grab in Ketef Hinnom. Die Tonarbeiten zeigen, daß das Grab in der Zeit zwischen dem 7. und 4. Jh. v. Chr. benutzt wurde.

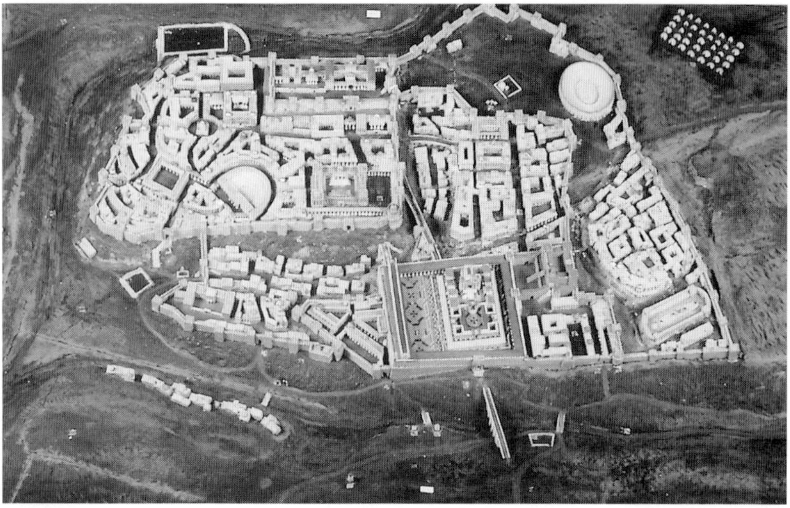

Foto 10
Modell von Jerusalem im 1. Jh. n. Chr. aus dem Jahre 1878, Biblisches Museum, Amsterdam.

Foto 11
Archäologisch genau rekonstruiertes Modell Jerusalems im 1. Jh., erstellt unter Leitung von M. Avi-Yonah auf dem Gelände des Holy Land Hotel in Jerusalem, Verhältnis 1 : 50.

Ansatz für eine Brücke zum Westhügel gewesen sein könnten. Entlang der Mauer verlief eine mit großen Steinplatten gepflasterte Straße, ebenfalls aus herodianischer Zeit. Auf der gegenüberliegenden Straßenseite entdeckte man – gegenüber dem Robinsonbogen – einen Pfeiler mit einer Dicke von 3,60 m. Wegen seines Umfangs war der Pfeiler imstande, eine gewaltige Last – wie die eines Bogens über die gesamte Straße – zu tragen. In dem Pfeiler fand man vier nebeneinander liegende Räume mit Öffnung zur Straße hin. Anhand der Tonfunde, Gewichte und Münzen konnte man darauf schließen, daß sich hier Geschäfte für Tempelbesucher befunden haben müssen. Die Konstruktionen, die man vorher für Pfeiler einer angenommenen Brücke gehalten hatte, verliefen eher südlich und erwiesen sich als Stützpfeiler, die Teil eines Treppensystems waren. Über diese Treppen konnten die Besucher des Tempels von der breiten, gepflasterten Straße nach oben zur „Königlichen Stoa" (Säulenhalle) an der Südseite des Tempelplatzes gelangen (Abb. 7.5).

Abb. 7.5
Rekonstruktion eines korinthischen Kapitels von einer Säule aus der königlichen Stoa. Nach der Beschreibung des Josephus standen in dieser Halle 162 solcher Säulen. Im Geröll wurden nur Fragmente gefunden; die meisten Säulen dürften als Material für die byzantinischen und arabischen Bauwerke gedient haben.

Tore

Nach Josephus (Jüdischer Krieg V, 5,2) gab es im westlichen Mauerwerk vier Tore, die von Westen her Zugang zum Tempelplatz verschafften. Hierzu gehörten die Brücke über den Wilsonbogen und das Treppensystem über den Robinsonbogen. 55 m nördlich des Wilsonbogens entdeckte Wilson 1866 einen alten Eingang zum Tempelplatz, den er als „Warrentor", „a small tribute to Captain Warren", bezeichnete. Das Tor ist 5,50 m breit und

Abb. 7.6
Rekonstruktionszeichnung des Barclay-Tores in der Westmauer des Tempelplatzes. Die unterste Steinreihe zeigt das Bodenniveau in herodianischer Zeit an, die mittlere Reihe das Niveau in der Zeit der Omajjaden (7./8. Jh.), und die oberste stellt die heutige Situation dar.

liegt ca. 9 m unter dem heutigen Tempelplatz; der mit einem Bogen überwölbte Toreingang ist mit kleinen Steinen zugemauert. Wie man durch dieses Tor zum Tempelplatz kam, ist nicht bekannt. Seit kurzem ist dieses Tor wieder zu sehen, wenn man durch den Tunnel entlang der Westmauer nach Norden läuft (s. Kapitel 6). Das vierte Tor könnte dann mit dem Barclay-Tor identisch sein, zu sehen an der Südseite der Frauenabteilung bei der Klagemauer. Ein Stein aus herodianischer Zeit von 7 m Länge und 2 m Höhe bildet den Türsturz (Abb. 7.6). Das darunter befindliche Tor ist mit kleinen Steinen zugemauert. J.T. Barclay, ein Gelehrter und amerikanischer Konsul in Jerusalem, beschrieb dieses Tor und berichtete, daß vom Eingang aus ein Tunnel zum Tempelplatz verlief. Dieses Tor ist wahrscheinlich mit dem Coponius-Tor identisch, das nach der Mischna, Traktat Middot 1,3 in der Westmauer lag. In diesem Traktat wird davon gesprochen, daß sich Höhe und Breite der Tore im Verhältnis 2 : 1 verhielten. Die Maße des Barclay-Tores, wie man sie bisher kannte, waren 8,8 zu 5,6 m, stimmten also mit jenen Angaben nicht überein. Nähere Untersuchungen bei neueren Ausgrabungen jedoch zeigten, daß die herodianische Straße 2,5 m tiefer gelegen hatte und man entsprechend zu einem Verhältnis von 11 zu 5,6 m kam, was den 20 zu 10 „Ellen“ aus der Middot nahekommt.

Straße

Die Straße, die entlang der Westmauer beim Robinsonbogen verläuft, ist mit großen Steinplatten gepflastert, welche zueinander versetzt gelegt waren. Die Straßenbreite beträgt 12,5 m. Unter dem Pflaster liegt eine Reihe unterirdischer Kammern, die auf dem gewachsenen Felsen gründen. Die Straße selbst läuft entlang der 18. Steinreihe von der Oberkante aus gerechnet. Vermutlich beim Fall Jerusalems stürzten gewaltige Steine auf das Treppensystem und beschädigten die Pflasterung und auch die darunterliegenden Kammern so stark, daß eine weitere Untersuchung dieser Räume nicht möglich war.

Wasserversorgung

In einer Tiefe von ungefähr 5,50 m unter der Straßendecke aus der Zeit des Herodes befindet sich ein Aquädukt aus der gleichen Periode, welches zum Sammeln von Regenwasser aus den einmündenden Kanälen diente.

Dieser Aquädukt streckte sich weiter nach Süden hin, wahrscheinlich ging er bis zum Siloah-Teich hinunter, unter der von Bliss und Dickie entdeckten Straße (s. Kapitel 2). Nach Norden hin verlief der Kanal vermutlich bis zum Damaskus-Tor. Er ist jedoch noch großenteils mit Schutt verstopft.

Die Wasserversorgung Jerusalems beruhte auf einem ausgeklügelten System von Wasserleitungen und Zisternen, die so eingerichtet waren, daß man sowohl das Regenwasser wie auch das Quellwasser, das man allein durch die Gihon-Quelle erhielt, nutzen konnte (Gihon bedeutet „Sprudler", weil das Quellwasser in Abständen stoßartig aufsprudelt). Vom täglichen Wasserbedarf abgesehen, war viel Wasser nötig, um den religiös vorgeschriebenen Reinheitsgeboten zu genügen. Es ist noch immer schwierig, einen klaren Plan der gesamten Wasserversorgung zu erstellen. Dazu sind noch viele Ausgrabungs- und Aufräumarbeiten nötig. Die Verbindung zwischen den verschiedenen unterirdischen Tunneln, Kanälen und Teichen scheint sehr kompliziert gewesen zu sein.

Inschrift

An der Südwestecke wurde auf einem der großen Steinblöcke aus der Umfassungsmauer, die im Jahre 70 während der Zerstörung aus großer Höhe nach unten gestürzt waren, eine Inschrift gefunden. Da dieser Steinquader nicht nur an einer, sondern an drei Seiten bearbeitet war, wurde offensichtlich beabsichtigt, daß er von drei Seiten betrachtet werden kann. Man könnte es hier mit einem der Ecksteine aus den Wachtürmen des Tempelplatzes zu tun haben. Der Text der Inschrift besteht aus den hebräischen Buchstaben: L B T H T K I 'H L H CH [Riß]. Dies läßt sich folgendermaßen lesen: „le-bet ha-teki'ah le-hach ..." Leider war der Text hier weggebrochen; den fehlenden Teil fand man leider nicht. Die Übersetzung der Inschrift lautet: „Für den Ort des Posaunenschalls, um aus(zurufen)".

Bei Josephus lesen wir, daß gewöhnlich am Abend des sechsten und siebten Tages von einem der Türme über dem Tempelplatz auf dem Schofar, dem Widderhorn, geblasen wurde, um so den Beginn und das Ende des Sabbats anzukündigen. So wußte jeder, wann mit der Arbeit aufzuhören, bzw. wann das Arbeitsverbot wieder aufgehoben war. Der Eckstein gab wahrscheinlich den Ort an, auf dem das Widderhorn geblasen wurde.

Die südliche Umfassungsmauer

Entlang der Südmauer verlief eine Straße in östlicher Richtung zu den beiden Hulda-Toren, welche die wichtigsten südlichen Zugänge zum Tempelplatz darstellten. Durch diese Tore konnte man über unterirdische Treppen nach oben und in das Innere des Tempelvorhofes hinaufsteigen. Die Straße entlang der Südmauer war 280 m lang und ca. 7 m breit. Auch unter dieser Straße fand man eine Anzahl von Räumen in einer Doppelreihe vor, wahrscheinlich Geschäfte. Funde aus diesen Räumen gibt es nicht, oder sie sind noch nicht veröffentlicht worden.

Der Straßenanfang an der Ecke im Tyropöon-Tal lag 6 m tiefer als der untere Sturz des sogenannten doppelten Hulda-Tores, welches man dann zunächst durchquerte. Dieser Unterschied wurde durch verschiedene Aufgänge mit insgesamt ungefähr 70 Stufen an bestimmten Stellen überbrückt, eine Erscheinung, die man auch noch heute in den Straßen Jerusalems antrifft. Von dem westlichen (doppelten) zu dem östlichen (dreifachen) Hulda-Tor blieb die Straße auf gleicher Höhe, danach verlief sie wieder in Richtung des Kidron-Tales bergab, wo sie mit der Straße an der Ostmauer einen Winkel bildete. Südlich dieser Straße entlang der Tore und der südlichen Terrassenmauern lag ein breiter, mit großen Steinen gepflasteter Platz. Diese Fläche lag 6,5 m tiefer als die Straße. Vom Platz aus verliefen breite Stufen zu beiden Toren. Die Treppe zum östlichen Tor war 15 m breit und die zum westlichen, dreifachen Tor 65 m. Das Treppensystem wurde restauriert und vermittelt einen guten Eindruck vom gewaltigen Eingang zum Tempelplatz.

Die Hulda-Tore

In der Mischna (Middot 1,3) lesen wir über die zwei Hulda-Tore, die als die wichtigsten Zugänge zum Tempelplatz dienten. Man könnte sich fragen, warum gerade diese südlichen Tore so wichtig waren, lag doch in herodianischer Zeit das größte Wohngebiet Jerusalems im Westen. Möglicherweise spielt hierbei eine Tradition aus der Zeit des Ersten Tempels von Salomo eine Rolle. Damals lag ein Großteil der Stadt im Süden, und von hier aus liefen die Zugangswege zum Tempel. Unbestreitbar aber ist dies der imposanteste Zugang. Wer aus dem Kidrontal heraufkommt, sieht die großen Steine der hier mehr als 50 m hohen Mauer vor sich auftürmen und kann die Worte des Psalmsängers nachempfinden: „Ich freute mich, als man zu mir sprach: ‚Zu SEINEM Haus wollen wir hinaufgehn!‘ Stehn geblieben sind unsre Füße in deinen Toren, Jerusalem.“ (Ps 122,1–2).

Für den Namen der Tore – Hulda – gibt es verschiedene Erklärungen. Man kann an die Erzählung denken, derzufolge hier an der südlichen Terrassenmauer das Grab der Prophetin Hulda gelegen haben soll (vgl. 2Kö 22,14). Hulda läßt sich auch mit „Maulwurf“ übersetzen. Wie ein Maulwurf aus dem Boden auftaucht, so kommt der Pilger aus den unterirdischen Gewölben auf den 14 m höher gelegenen Tempelplatz, unweit von der „Königlichen Stoa“(Säulenhalle), die im Süden den Tempelplatz begrenzte.

Die Tunnel sind der Öffentlichkeit nicht mehr zugänglich. Wohl haben in der Vergangenheit Archäologen von der islamischen Wache einige Male die Erlaubnis erhalten, das Innere in Augenschein zu nehmen. Die Mauern der Tunnel bestanden, genau wie die Umfassungsmauer des Tempelplatzes, aus großen Steinen, waren aber auf eine andere Art bearbeitet. Die Decke bestand aus im Durchschnitt mehr als 5 m großen Gewölben, die mit geometrischen Figuren, Blumenmotiven, Trauben und Weinranken verziert waren.

Nach Ansicht des Forschers M. Ben-Dov datiert das westliche Doppeltor aus der Zeit des Zweiten Tempels. Die Innenseite des Tores ist zweifellos herodianisch, die Rekonstruktion der Fassade stammt jedoch aus islamischer Zeit, die die Zerstörungen aus der byzantinischen Periode ungeschehen machen wollten. Das zugemauerte dreifache Tor, welches aus großer Entfernung in der Terrassenmauer sichtbar ist, wird oft mit dem „Schönen Tor“ aus Apostelgeschichte 3,2 in Verbindung gebracht. Auch dieses Tor wurde während der byzantinischen Eroberung Jerusalems im Jahre 628 zerstört. Die Moslems errichteten es jedoch wieder und behielten dabei die ursprüngliche Breite der Fassade bei. Angesichts der enormen Breite der Konstruktion ist anzunehmen, daß auch das ursprüngliche Tor als dreifacher Eingang entworfen war.

Rund um den Tempel

Dank der großangelegten Grabungen der israelischen Archäologen kann man eine relativ genaue Rekonstruktion der Gegebenheiten entlang der West- und Südmauer der Tempelterrasse in der Zeit des Herodes, seiner Nachfolger und bis zur Zerstörung der Stadt und des Tempels 70 n. Chr. geben.

Bei der Westmauer gilt dies vor allem für den Teil südlich vom Wilsonbogen. Im Nordteil, von der Burg Antonia bis hin zum halb unterirdisch gelegenen Warren-Tor, waren Untersuchungen bisher nur in beschränktem Maße möglich. Vom Wilsonbogen nach Süden sieht man eine Straße, unter welcher Räume und ein Aquädukt entdeckt wurden. Zu Beginn der Ausgrabungen fand man zunächst in diesem Gebiet Fundamente und Gebäudereste aus islamischer Zeit. Der herodianische Teil lag darunter. Am Südwest-Abschluß bilden die Reste des Robinsonbogens, der ein Bestandteil des großen Treppensystems zur „Königlichen Stoa" auf dem Tempelplatz war, den wichtigsten Blickfang.

Entlang der Südmauer befinden sich die Straße und die Plätze mit den Aufgängen zu den Hulda-Toren, durch die man über Tunnel den Tempelplatz erreichen konnte.

Über der Südwestecke des Tempelplatzes, der „Zinne", ist der Ort gekennzeichnet, von dem aus das „Posaunenblasen" zu Beginn und am Ende des Sabbats stattgefunden hat.

Wohngebiete und große Gebäude

Wer die Ausgrabungen heute besucht, sieht von der Straße entlang der südlichen Umfassungsmauer aus zum Süden hin viele Anzeichen einer Besiedlung. Der Tempelberg mit seinen Zugangswegen bildete das Zentrum für eine dichtbesiedelte Umgebung. Broshi schätzt die Zahl der ständigen Einwohner Jerusalems in herodianischer Zeit auf 38 500, für das Jahr 70 n. Chr. auf 82 500[5]. Außerdem gab es viele, die Stadt und Tempel einen Besuch abstatteten. Vor allem während der jüdischen Feste im Frühjahr und Herbst war die Stadt überfüllt. Darum wurde jeder erdenkliche Platz genutzt, sei es als Geschäft, wie man an den Pfeilern des Robinsonbogens erkennen kann, oder zur Unterbringung von Pilgern. Auch wurden Fundamente größerer Gebäude entdeckt: von Villen, Palästen und solchen Gebäuden, die als öffentliche Einrichtungen oder Herbergen gedient haben könnten.

Zwischen dem Südaufgang zum Tempelplatz und der Davidsstadt auf dem Gelände des sogenannten Ofel traf man auf guterhaltene Reste von Gebäuden, die oft mit einem Gewölbe oder einem kuppelförmigen Dach versehen waren. Kennzeichnend für diese Häuser waren die vielen Wasser-

5 Siehe S. 39, Anm. 4.

installationen: Zisternen und Bäder für rituelle Waschungen. Ben-Dov spricht von 48 dieser Becken, die er in einem der an den Tempelberg grenzenden Stadtteile fand. Die größten Häuser, die aus vier oder fünf Zimmern bestanden, waren oft um einen Innenhof angelegt. Eines der größten Gebäude bestand aus mindestens zehn verschiedenen Zimmern und umfaßte fünf Zisternen und drei Bäder. Man geht davon aus, daß dies der Palast des Königshauses von Adiabene war. Die Mitglieder dieser königlichen Familie stammten aus dem Nordosten Syriens, traten im 1. Jh. n. Chr. zum Judentum über und besaßen in der Unterstadt inmitten des Ofels einen Palast. Die Bekannteren von ihnen sind Königin Helena von Adiabene und ihr Sohn Monobazos. Ihr Grab ist nördlich des Damaskus-Tores im Komplex der „Königsgräber“ gefunden worden (s. Kapitel 2).

In einem anderen großen Haus wurde das Fragment einer griechischen Inschrift gefunden. Daraus läßt sich schließen, daß Juden von Rhodos zur Restaurierung der Fußböden beigetragen haben. Vielleicht war dies das Zentrum ihrer Gemeinschaft.

Funde

Dem Leben in der hier beschriebenen Epoche wurde im Sommer des Jahres 70 n. Chr. durch römische Legionen mit Gewalt ein Ende bereitet. Der Tempel wurde verwüstet, die Stadt geplündert und viele Schätze geraubt. Die Darstellung der geraubten Tempelschätze auf dem Triumphbogen des Titus in Rom, der zum Gedenken an diesen Sieg errichtet wurde, ist erstaunlich genau. Auffällig ist, daß bei den Ausgrabungsfunden wertvolle Gegenstände, beispielsweise aus Metall, nahezu gänzlich fehlen. Nur an einer Stelle – verborgen unter einem Steinhaufen in einer zugeschütteten Zisterne – entdeckte man Gegenstände aus Bronze, die offensichtlich so dem Zugriff der römischen Plünderer entzogen werden sollten.

In den Wohnbereichen, vor allem in den Zisternen, lagen viele Tonscherben, die sich auf die herodianische Zeit bestimmen lassen: Schalen, Krüge und Kochtöpfe. Auffallend hierbei war, daß viele Töpfe nur wenige Benutzungsspuren aufwiesen, aber fast alle ein Loch an der Seite hatten. Man nimmt an, daß es sich hierbei um Töpfe handeln könnte, die durch eine falsche Benutzung rituell als unrein betrachtet wurden. Solche Töpfe durften nicht mehr verwendet werden. Weil man ein Wegwerfen jedoch als unverantwortlich empfand, wurden sie mit einem Loch versehen. So waren sie zwar als Kochtopf unbenutzbar, konnten aber noch als Blu-

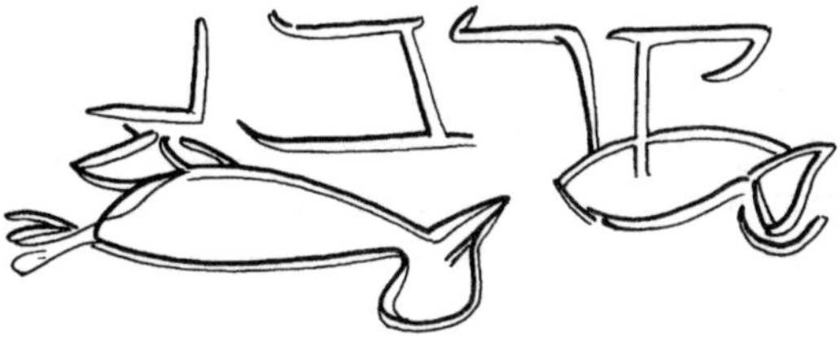

Abb. 7.7
Zeichnung und Inschrift auf dem Fuß einer Steinschale. Unter den Buchstaben K R B N = Korban = Opfer sind zwei tote(?) Vögel zu sehen: Das Opfer, für welches diese Schale wahrscheinlich bestimmt war.

mentopf und zum Ziehen von Kräutern und Gewürzen verwendet werden. Den gleichen religiösen Hintergrund kann man bei der großen Menge von Töpfen und Krügen aus Stein vermuten, die gefunden wurden. Die Herstellung eines steinernen Topfes oder Krugs verlangt viel mehr Arbeit als die von Tonwaren. Wenn jedoch ein Gegenstand aus Ton durch falsche Benutzung unrein wurde, mußte er zerbrochen werden. Für Steinwaren galten diese Vorschriften nicht.[6]

Auf dem Füßchen einer Steinschale fand man die hebräische Inschrift: K R B N = Korban = Opfer, mit einer Abbildung zweier auf dem Kopf stehender Vögel darunter (Abb. 7.7). Deren Bedeutung ist nicht geklärt. Sind die dargestellten Vögel tot oder geopfert? Ein Opfer von zwei Vögeln, Tauben, wird in 3. Mose 12,8 als Reinigungsopfer nach der Geburt eines Sohnes genannt (vgl. Lk 2,24).

Die Funde aus Ton und Stein hingen nicht nur mit der Nahrungsaufnahme und -zubereitung zusammen. Man fand auch Lampen aus Ton, steinerne Gewichte und eine Reihe kleiner steinerner Sonnenuhren, die sehr sorgfältig gearbeitet waren. Diese Sonnenuhren wurden wahrscheinlich immer an einem festen Ort angebracht, so daß man im Blick auf die richtige Zeit immer sicher informiert war (Abb. 7.12).

Während dieser Grabungen fand man ca. 2500 Münzen. Die meisten waren aus Bronze, einige aus Silber geschlagen. Die Münzen stammten sowohl aus römischer wie auch aus jüdischer Prägung. Die ältesten datieren aus der Zeit des Makkabäers Alexander Jannaeus (103–76 v. Chr.), die

6 Vgl. dazu jetzt R. Deines, *Jüdische Steingefäße und pharisäische Frömmigkeit. Ein archäologisch-historischer Beitrag zum Verständnis von Joh 2,6 und der jüdischen Reinheitshalacha zur Zeit Jesu,* Tübingen 1993 [Anm. des Hrsg.].

jüngsten stammen aus herodianischer Zeit und der des jüdischen Aufstandes (66–70 n. Chr.). Auf den jüdischen Münzen finden sich keine Abbildungen von Königen mit Ausnahme der von König Agrippa I., Enkel Herodes des Großen, der zwischen 41–44 n. Chr. über Jerusalem und Judäa herrschte. Auf der Bildseite sind Früchte, Abbildungen des Tempels und religiöse Gegenstände dargestellt.

In der direkten Umgebung des Tempelberges wurde viel Glas gefunden[7], oft in Form von Flaschen oder Teilen davon, manche aus Sidon stammend, dem damaligen Zentrum der Glasindustrie; es gab jedoch auch vor Ort eine Glasproduktion. Die vielen kleinen Fläschchen könnten Reinigungsöl enthalten haben, welches die Pilger in einem der Geschäfte am Robinsonbogen gekauft hatten.

Die Mauern Jerusalems in herodianischer Zeit[8]

In seiner Beschreibung der Belagerung und Einnahme Jerusalems durch die Römer erwähnt Josephus oft die Mauern Jerusalems. In der Vergangenheit war man im Blick auf seine Behauptungen oft skeptisch, da die Vermutung bestand, er wolle das jüdische Leben besonders positiv darstellen. Bei verschiedenen Ausgrabungen, u. a. in Masada, wurde jedoch immer deutlicher, daß er ein scharfer Beobachter war und daß seine Beschreibungen deshalb für heutige Archäologen von großem Wert sind. Dies gilt auch für Jerusalem. Funde, wie der Stein mit der Inschrift zum Ort des Posaunenblasens, konnten aufgrund der Informationen des Josephus näher identifiziert werden (S. 84).

In der Zeit des jüdischen Aufstandes ist bei Josephus von insgesamt drei Stadtmauern die Rede (Jüdischer Krieg V 142 ff.). Er bezeichnet diese als die Erste, Zweite und als Dritte Mauer. Dabei ist die Dritte Mauer die nördlichste und zuletzt gebaute; die Zweite verläuft etwas mehr südlich. Die Erste Mauer hingegen liegt am südlichsten und ist zugleich die älteste.

In der Beschreibung der Stadt während der Makkabäerzeit haben wir bereits den Verlauf der Ersten Mauer behandelt, wobei klar wurde, daß sie aus dem 2. Jh. v. Chr. stammte, aber noch Teile aus der Späten Eisenzeit einschloß. Zum Verlauf der Ersten Mauer gibt es unter den Forschern in

---

7 A. Engle, *1000 Years of Glassmaking in Ancient Jerusalem,* Jerusalem 1984, S. 29 ff.

8 M. Avi-Yonah, Jerusalem in the Hellenistic and Roman Periods, in: *The World History of the Jewish People,* Jerusalem 1975, Vol. 7 The Herodian Period, S. 206–249 und Fußnoten 366–369.

groben Zügen Einigkeit. Über die Lage der Zweiten und Dritten Mauer jedoch gehen die Meinungen stark auseinander.

Die Dritte Mauer

Josephus schreibt über die Dritte Mauer: „Für die dritte Mauer bildete wieder der Hippikusturm den Ausgangspunkt. Von ihm erstreckte sie sich nach Norden bis zum Psephinusturm, zog dann den Grabdenkmälern der Helena gegenüber – sie war die Königin von Adiabene und Tochter des Königs Izates – durch die Königshöhlen weiter und bog um einen Eckturm dem sogenannten Walkergrab gegenüber herum und traf dann auf die alte Mauer, wo sie im sogenannten Kidrontal endete" (Jüdischer Krieg V 147).

Dieser Text des Josephus erwies sich als vieldeutig. Eine Reihe von Archäologen haben die Dritte Mauer ca. 500 m nördlich der heutigen Stadtmauer vermutet. Andere wiederum gehen davon aus, daß diese Mauer teilweise den gleichen Verlauf wie die jetzige nördliche Stadtmauer genommen habe. Das Problem ist schwierig, da außer den Angaben über die Dritte Mauer aus der Zeit Agrippas I. (41–44 n.Chr.) auch von einer Umzingelungsmauer, erbaut vom römischen Feldherrn Titus, geredet wird. Mit dieser hinderte er die Juden im Jahr 70 am Verlassen der belagerten Stadt.

Die Entscheidung für den nördlichsten Verlauf der Dritten Mauer fällte als erster E. Robinson 1841. Er beschreibt Fundierungen aus großen Steinblöcken und sogar Fundamente von Türmen entlang dieser Linie. In den Jahren 1925 bis 1927 gruben E.L. Sukenik und L.A. Mayer ungefähr 500 m dieser Mauer aus und unterstützten seine Ansicht.[9] Später, 1940, entdeckte man weitere 265 m. Die Mauer verläuft vom „Russischen Gelände" (Russian Compound) in West-Jerusalem bis zur Nablusstraße beim Amerikanischen Konsulat im Ostteil der Stadt. J.J. Simons[10] und L.H. Vincent[11] haben diese Auffassung angegriffen. Ihrer Ansicht nach handelt es sich hierbei um eine Verteidigungsanlage aus der Zeit des Aufstandes unter Bar Kochba (132–135 n.Chr.).

Nach den Grabungen von K.M. Kenyon (1961–1967) verlief die Diskussion sehr stürmisch[12]. Aufgrund ihrer Ausgrabungen meinte Kenyon, daß

---

9 E.L. Sukenik & L.A. Mayer, *The Third Wall of Jerusalem,* Jerusalem 1930.
10 J. Simons, *Jerusalem in the Old Testament,* Leiden 1952, S. 459–503 [Anm. des Hrsg.].
11 L.H. Vincent, *Jérusalem de l'Ancienne Testament,* Paris 1954, S. 114–174.
12 K.M. Kenyon, *Digging up Jerusalem,* London 1974, S. 237 ff.

die Nordgrenze der Dritten Mauer am Damaskus-Tor zu suchen sei. Hier wurden von ihr Fundamente einer Mauer und eines Tores entdeckt, von welchem bereits 1937 durch H.W. Hamilton Teile gefunden worden waren. Nach der Architektur und den Funden von Münzen und Tonwaren zu schließen, bestimmte Kenyon diese Reste als zur Dritten Mauer gehörend und erbaut unter Agrippa I. Die durch Robinson und Sukenik/Mayer zuvor weiter nördlich entdeckten Fundamente erklärte sie als Reste einer Umzingelungsmauer des Titus. Bei den hier angetroffenen herodianischen Steinen in dieser Mauer handle es sich um wiederverwendetes Baumaterial (Spolien).

1972 gruben die israelischen Archäologen Sara Ben Arieh und S. Netzer nochmals entlang der nördlichen Mauerreste. Sie fanden über eine Länge von 45 m Teile einer Mauer, die eine durchschnittliche Dicke von 4,30 m aufwies. Aufgrund des herodianischen Profils der verschiedenen Steine und Münzen unter einem der Böden, der mit der Mauer verbunden war, datierten auch sie diese Mauer auf das 1. Jh. n. Chr. Sie waren jedoch davon überzeugt, daß es sich hier nicht um eine innerhalb dreier Tage errichtete Umzingelungsmauer handeln könne, und blieben bei der Auffassung, dies seien Bestandteile der Dritten Mauer.

Wirklich überzeugend waren die archäologischen Beweise weder für die eine noch für die andere Ansicht. Bei diesen Diskussionen spielen auch Vorstellungen zur Größe des herodianischen Jerusalems eine Rolle. Die Funde von N. Avigad im jüdischen Teil der Altstadt haben gezeigt, daß die Stadt in dieser Richtung jedenfalls viel größer war, als Kenyon je angenommen hatte.

Die aktuellsten Versuche einer genaueren Bestimmung der Funde entlang des nördlichsten Mauerverlaufes unternahm man 1990 während einer Notgrabung auf dem Gelände für eine neue Straße. Hier gruben die Archäologen V. Tsaferis, N. Feig und A. Onn entlang einer Linie von 400 m von der Nablusstraße beim amerikanischen Konsulat in westlicher Richtung. Außer den bereits bekannten Mauerstücken fanden sie neue Fundamente von 4–5 m Dicke. Die gediegene Bauweise und ein Stein, der auf typisch herodianische Weise behauen war, bestärkten sie in der Auffassung, daß dies der Verlauf der Dritten Mauer sei. Ein Grabungsbericht dieser Untersuchung, bei der auch Reste eines byzantinischen Klosters mit Mosaikfußböden zum Vorschein kamen, ist noch nicht publiziert worden.[13]

---

13 Doch vgl. jetzt V. Tsaferis – N. Feig – A. Onn – E. Shukron, Excavations at the Third Wall, North of the Jerusalem Old City, in: H. Geva, *Ancient Jerusalem Revealed,* Jerusalem 1994, S. 281–286. Die Ergebnisse dieser Ausgrabungen lassen kaum einen anderen Schluß zu, als daß hier die „dritte" Nordmauer verlief. Vgl. den „Nachtrag: Ausgrabungen 1989–1996" (S. 160) [Anm. des Hrsg.].

In Kapitel 10 (Karte 7) sind in der gezeichneten Karte des Jerusalem in herodianischer Zeit beide Optionen vermerkt.

Die Zweite Mauer

„Die zweite Mauer nahm ihren Anfang bei einem Tor, das in der ersten Mauer lag und Gennath genannt wurde; indem sie lediglich den Nordteil der Stadt umschloß, führte sie bis hin zur Antonia" (Jüdischer Krieg V, 4,2). Der der Zweiten Mauer zugedachte Ort hängt eng mit der Entscheidung über den Verlauf der Dritten Mauer zusammen. Das Gennath-Tor wurde bisher noch nicht identifiziert. N. Avigad vermutet, daß es in der Nähe der Festung aus der Makkabäer-Zeit gegen einen eisenzeitlichen Turm gebaut liegt (Abb. 4.5).[14] Geklärt ist, daß der Endpunkt bei der Burg Antonia lag. Die israelischen Archäologen gehen davon aus, daß die Mauer nach Norden hin zum Damaskus-Tor verlief. Die Reste eines herodianischen Tores, welches dort durch Hamilton entdeckt wurde – Kenyon betrachtete dies als Teil der Dritten Mauer –, gehören entsprechend ihrer Sicht zur Zweiten Mauer. Kenyon nimmt für die Zweite Mauer eine Trasse an, welche weiter südlich vom Damaskus-Tor verlaufen sei.

Die Zweite Mauer war kürzer als die beiden anderen: Josephus berichtet, er habe nur 14 Türme gezählt (Jüdischer Krieg V, 4,3), gegenüber 60 in der Ersten und 90 in der Dritten Mauer. Die wichtigste Funktion der Zweiten Mauer bestand im Schutz der Märkte im Norden des Tyropöon-Tales. Während der Eroberung der Stadt durch die Römer benötigte Titus lediglich fünf Tage, um in diese Mauer eine Bresche zu schlagen und durchzubrechen. Der genaue Mauerverlauf ist also nicht bekannt.

Der Ort der Grabeskirche hat in dieser Diskussion oft eine Rolle gespielt. Die Kirche liegt nämlich in einem Stadtteil, in dem die Zweite Mauer verlaufen sein muß. Golgatha und das Grab Jesu sollten außerhalb der damaligen Stadtmauern gelegen haben (Joh 19,17; Hebräer 13,13). Aus Untersuchungen ist jedenfalls klar geworden, daß die Zweite Mauer die Grenze des dichtbebauten Stadtkerns markierte. Die Ausgrabung von Kenyon im

---

14 Zur Lokalisierung des Tores an der von N. Avigad angenommenen Stelle vgl. jetzt H. Geva, Twenty Five Years of Excavations in Jerusalem, 1967–1992: Achievements and Evaluation, in: H. Geva, *Ancient Jerusalem Revealed,* Jerusalem 1994, S. 1–28 (S. 16–18). Siehe auch: Shlomo Margalit, Jerusalem zur Zeit des Zweiten Tempels, in: *Jahrbuch des Deutschen Evangelischen Instituts für Altertumswissenschaften des Heiligen Landes 2 (1990),* S. 30 [Anm. des Hrsg.].

Muristangelände und auch die von Ute Lux in der Erlöserkirche brachten aus einer breiten Grabungsschicht Funde aus verschiedenen früheren Perioden, lieferten aber keine weiteren Hinweise zum Verlauf der Mauer[15].

Bei den anderen Mauerabschnitten herrscht mehr Übereinstimmung. Im Osten bestand die Mauer zu einem großen Teil aus der Mauer des Tempelplatzes. Auch der Verlauf der Mauer an der Westseite der Zitadelle nach Süden hin sowie rund um die Davidsstadt ist durch Ausgrabungen gut dokumentiert (Karte 10.7).

Nicht sehr deutlich ist die Trasse im Nordosten der Davidsstadt und der Maueranschluß hin zum Tempelplatz. Wir haben ja darauf hingewiesen, daß wahrscheinlich an der Ostseite der Tempelterrasse ein gleiches Treppensystem wie am Robinsonbogen zum Tempelplatz Zugang verschaffte. Wenn die Stadtmauer von der nördlichen Davidsstadt aus an diesem Südostabschluß des Tempelplatzes anschloß, dann lag der Zugang über ein Treppensystem außerhalb dieser Mauer. Wie war die Verbindung zwischen den breiten Aufgängen, zu den Hulda-Toren im Süden und diesem Treppensystem? Gab es in der Ostmauer Tore? Umschloß die Mauer den Zugang über das Treppensystem? Diese letzte und wahrscheinlichste Hypothese ist beim Bau des Aluminium-Modelles zur herodianischen Zeit in der ständigen Ausstellung zur Geschichte Jerusalems in der Zitadelle berücksichtigt. Auch in der Rekonstruktionszeichnung Ben-Dov's[16] wird diese Ansicht vertreten. Weitere Ausgrabungen sind notwendig, um auch hierin Klarheit zu gewinnen.

Ausgrabungen auf dem Westhügel

Auf dem Hügel westlich des Tempelberges lag im 1. Jh. n. Chr. ein großer Wohnbezirk. Dies wissen wir unter anderem durch Josephus: Die Stadt „war mit einander gegenüberliegenden Teilen auf zwei Hügeln erbaut; diese trennte eine dazwischen verlaufende Schlucht, an der die dicht gedrängt stehenden Häuser aufhörten" (Jüdischer Krieg V 136). Der Westhügel mit der sogenannten „Oberstadt" ragt über den Tempelberg, welcher 743 m hoch liegt. Der Westhügel besitzt zwei Spitzen, wovon die östliche auf 757 m und die westliche auf 773 m liegt.

15 Zur Grabeskirche vgl. auch den „Nachtrag: Ausgrabungen 1989–1996" (S. 167–168) [Anm. des Hrsg.].

16 M. Ben-Dov, *In the Shadow of the Tempel*, Jerusalem 1985, S. 100–101.

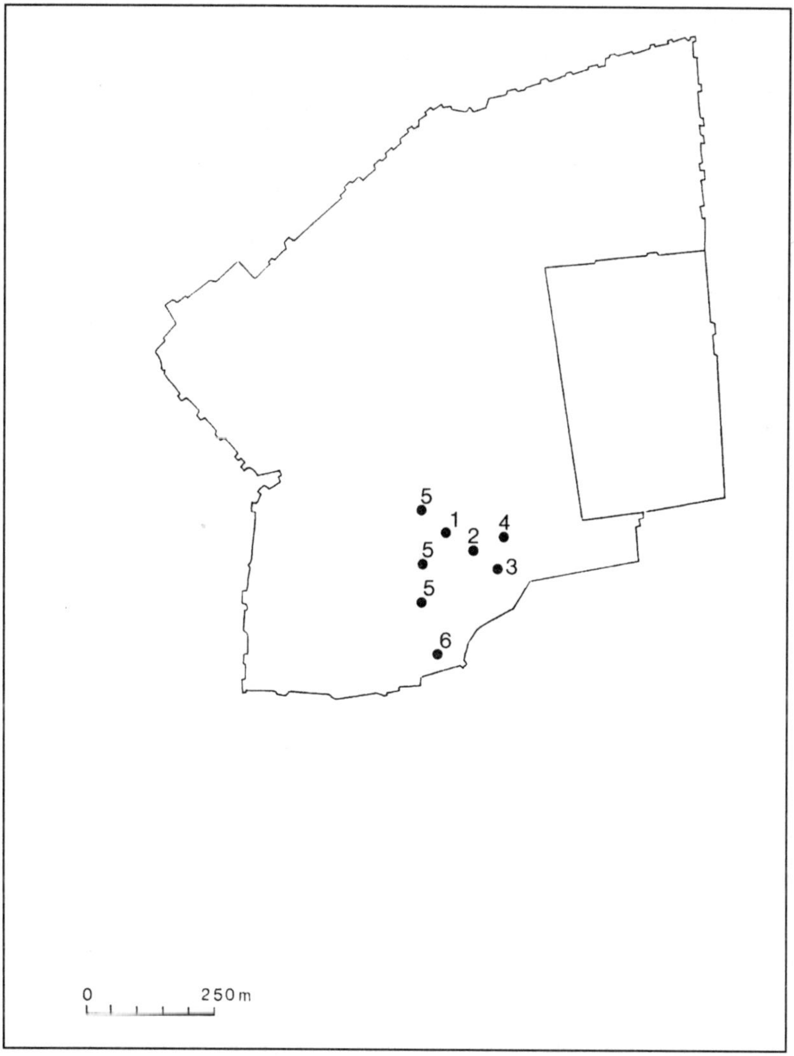

Abb. 7.8
Karte mit einigen wichtigen Ausgrabungen auf dem Westhügel
1. Stadtmauer aus der Eisenzeit
2. Herodianisches Haus
3. Das „prächtige Haus" (herodianisch)
4. Das ausgebrannte Haus (herodianisch)
5. Cardo (byzantinisch)
6. Neakirche (byzantinisch)

Erst durch archäologische Untersuchungen im Jüdischen Viertel wurde klar, wie groß und dichtbevölkert diese Oberstadt in herodianischer Zeit gewesen sein muß. Dieser Stadtteil liegt innerhalb des heute ummauerten Stadtbezirks im Südost-Teil mit Aussicht auf den Tempelberg. Seit dem 16. Jh. war dies ein Zentrum der jüdischen Besiedlung. Die ältesten Synagogen datieren auf das 12. und 13. Jh. Während der jordanischen Herrschaft zwischen 1948–1967 wurden Synagogen, öffentliche Gebäude und Wohnhäuser zerstört oder verfielen zu Ruinen. Seit der Vereinigung Jerusalems 1967 wurden Pläne geschmiedet, den Stadtteil zu renovieren und erneut aufzubauen. Für die israelischen Archäologen lag hier die große Chance, Untersuchungen durchzuführen. Im Jahre 1969 wurde damit unter Leitung des Archäologen N. Avigad begonnen.

Im teils bewohnten Stadtteil war es nicht möglich, große und zusammenhängende Flächen freizulegen, wie dies beim Tempelberg geschehen war. Die Ausgrabungen blieben auf kleinere, verteilt liegende Parzellen beschränkt; aus den verschiedenen Informationen versuchte man eine Übersicht dieses Stadtteils während der verschiedenen archäologischen Perioden zu erhalten. Die Ausgrabungsresultate sind hauptsächlich zwischen der Späten Eisenzeit (8.–7. Jh. v. Chr.) und der byzantinischen Periode (4.–6. Jh. n. Chr.) anzusetzen. Ein großer Teil besteht dabei aus Funden aus herodianischer Zeit. Diese Ausgrabungsarbeiten auf dem engen, verfügbaren Raum wurden zudem durch die Tatsache erschwert, daß sich über den oft zweitausend Jahre alten Resten in den darauffolgenden Jahrhunderten viel Schutt angehäuft hatte (Abb. 7–8).

Beispielsweise ist es immer noch unmöglich, eine Straßenkarte und eine Bestimmung bekannter damaliger Bauwerke festzulegen. Josephus berichtet z. B. von einem Theater und einem Hypodrom, wovon bei den Ausgrabungen noch keine Spuren gefunden worden sind.

Größere Klarheit gibt es hinsichtlich des Standortes des Herodespalastes und der Zitadelle an der Westseite der ummauerten Stadt. Durch die Ausgrabungen dort wurde klar, daß der Westhügel in herodianischer Zeit von reichen Personen bewohnt war. Wahrscheinlich waren viele von ihnen auf die eine oder andere Weise mit dem Tempel verbunden. Bei den Häuserresten fand man viele rituelle Bäder und Zisternen.

Josephus berichtet, daß der Westhügel genau einen Monat nach der Zerstörung des Tempels von den Römern erobert wurde, am 8. des Monats Ellul. Spuren dieser Zerstörung und des Brandes finden sich an mehreren Orten.

In seinem Buch *Discovering Jerusalem* gibt Avigad eine schöne Beschreibung und eine gute Übersicht der vielen interessanten Funde, die bei den Ausgrabungen des Jüdischen Viertels ans Tageslicht kamen. In diesem Kapitel wollen wir uns auf drei herausragende Beispiele beschränken.

Das Herodianische Haus (Abb. 7.9)

In „Areal E" stieß man auf Überreste eines großen Hauses mit einer Gesamtoberfläche von ungefähr 200 m². Es verfügte über eine Reihe von Räumen, die um den zentral gelegenen Innenhof angeordnet waren (1). Im Gegensatz zu vielen anderen Gebäuden fanden sich hier keinerlei Spuren einer Zerstörung. Im Gegenteil, das Haus oder das, was davon erhalten geblieben war, sah sehr gepflegt aus. In den meisten Räumen fanden sich kaum Gegenstände, lediglich in zwei Seitenräumen fand man viele Scherben und Schutt. Direkt über den Resten der zerstörten Mauern lag eine gepflasterte Straße, die von Westen nach Osten in Richtung des Robinsonbogens verlief. Offensichtlich war dieses Haus der Planung einer neuen Straße in der Zeit des Herodes oder kurze Zeit später zum

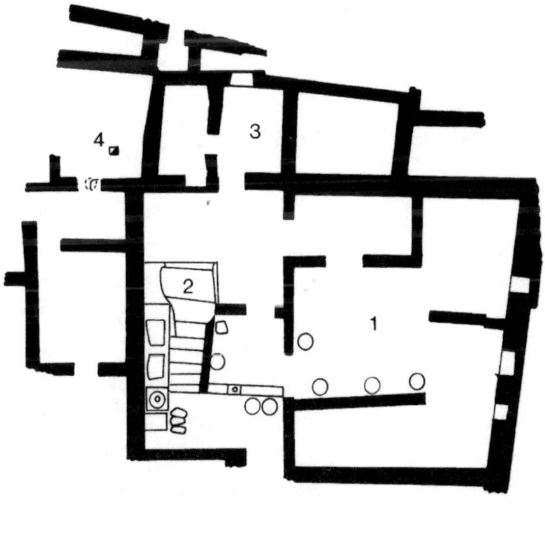

Abb. 7.9
Herodianisches Haus auf dem Westhügel, Grundriß.
1. Zentraler Innenhof
2. Ritualbad
3. und 4. Zisternen (Wasserreservoire)

Opfer gefallen. Die Datierung war nahezu exakt möglich, da sich im Haus eine Menge von Münzen fanden, von denen die Mehrzahl aus der Zeit des Alexander Jannäus (103–76 v. Chr.) stammten, obwohl auch eine Reihe von Münzen aus herodianischer Zeit gefunden wurden. Da sich keine Münzen aus späterer Zeit fanden, ist anzunehmen, daß das Haus während oder kurze Zeit nach der Regierungszeit des Herodes aufgegeben wurde.

Eingelassen in den Boden des Innenhofes fand man vier Öfen. An der Südseite des Hauses lag eine Zisterne für die Wasserbevorratung (3). Neben dem Innenhof befand sich ein großes rituelles Bad (2), teils überwölbt und über eine Treppe erreichbar. Für den Zugang zu diesem Bad gab es ein kleines rundes Bassin, ausgestattet mit einem dreilöchrigen Knopf. Man vermutet, daß dies ein Fußbad gewesen ist. In der Westmauer gab es drei große Nischen, offensichtlich für Tonkrüge, die in großer Anzahl in der Nachbarschaft gefunden wurden. Bei näheren Untersuchungen stieß man auch unter dem Haus auf Überreste früherer Gebäude mit Münzen und Tonfunden aus hasmonäischer Zeit. Das ausgegrabene herodianische Haus könnte auf Gebäuderesten aus hasmonäischer Zeit errichtet worden sein. Um die Mitte des 1. Jhs. n. Chr. wurde es vermutlich abgerissen. Es kommt nicht oft vor, daß man ein solch großes Gebäude so genau bestimmen kann.

Das „prächtige Palais" („Palatial Mansion")

Wer vom Platz an der Westmauer oder „Klagemauer" aus die Stufen zum Jüdischen Viertel hinaufläuft, passiert unter der neuerrichteten Yeshivat Hakotel die restaurierten Reste eines sehr großen Gebäudes. Auf einer Fläche von mehr als 600 m^2 befinden sich um einen Innenhof Zimmer mit reich verzierten Mosaikböden sowie Mauern mit Stuckornamenten. Darunter ist ein Souterrain erhalten geblieben, in welchem ein Ritualbad und Zisternen gefunden wurden. Dieses große Haus, auf englisch als „the mansion", auf hebräisch „Beth Hamiddot" bezeichnet, war Bestandteil eines größeren Komplexes, in welchem angesehene und wohlhabende Bürger gewohnt haben müssen, wie man anhand der Einrichtung der Häuser und der hierin gefundenen Gegenstände schließen kann. Der gesamte Komplex ist jetzt Bestandteil des Wohl-Archeological Museum (s. Kapitel 11). Die während der Ausgrabungen aufgenommenen Fotos vermitteln einen Eindruck von der wundervollen Sicht, die man von hier aus auf den Tempel- und den Ölberg hatte. Die Reste dieser Häuser befin-

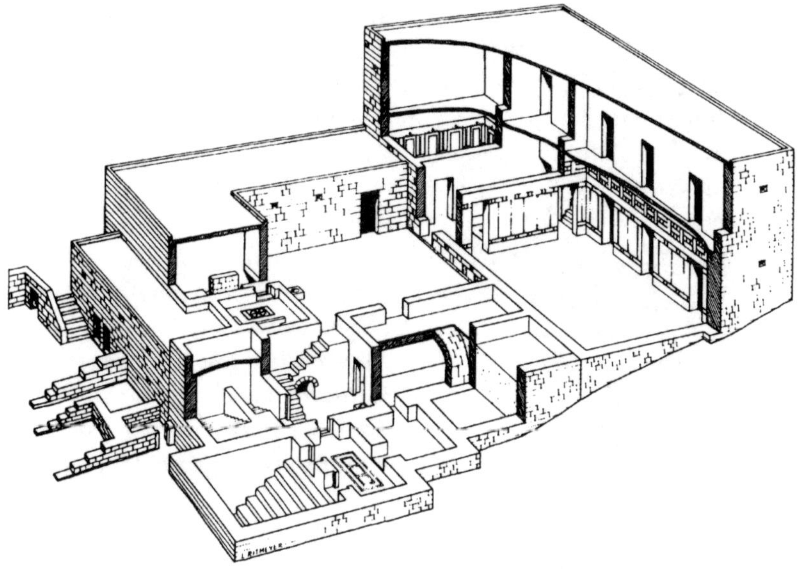

Abb. 7.10
Rekonstruktionszeichnung des „prächtigen Palais" („Palatial Mansion")
Die Innenhof verschaffte Zugang zu einer großen Empfangshalle von 6,5 x 11 m rechts oben. Diese Halle und auch die angrenzenden Räume hatten Wandtäfelungen mit Stuckornamenten.
Links unten: Verschiedene Bäder und Kammern. Links im Vordergrund der Zugang zu einem Ritualbad.

den sich gegenwärtig sieben Meter unter dem heutigen Straßenniveau. Als sie gefunden wurden, waren sie von Ruß- und Brandspuren überdeckt, Zeugnisse des Kampfes 70 n. Chr., als sich diese Häuser im buchstäblichen Sinne zwischen den Fronten befanden.

Das am besten erhaltene und größte dieser Häuser ist inzwischen gut konserviert und z. T. restauriert worden (Abb. 7.10). Um den Innenhof herum lagen Räume und eine große Halle von 6,5 x 11 m. Der Zugang zu dieser führte über eine kleine Halle mit einem schönen Mosaikfußboden. Durch den Brand war ein Großteil des Bodens zerstört, der übergebliebene Teil war stark verfärbt. Außerdem hatten verkohlte Balken und ein Teil der Decke beim Herunterstürzen großen Schaden angerichtet. Dennoch kann man aus dem Übriggebliebenen mit einiger Sicherheit die ursprünglichen Formen erkennen und rekonstruieren: Einen viereckigen

Abb. 7.11
Glaskrug mit griechischer Aufschrift: Von Ennion gemacht. (Höhe 20 cm)
Restaurierter, schön gearbeiteter Glaskrug, angefertigt durch Ennion, der wahrscheinlich in Sidon im 1. Jh. als Glasbläser tätig war.

Rahmen mit Meandermuster und hierin ein Zirkel. Auf den Ecken – zwischen dem Zirkel und dem Viereck – befinden sich Abbildungen von Granatäpfeln.

In einem angrenzenden Raum waren die Mauern bis zu einer Höhe von fast 2,5 m erhalten geblieben. Man fand dort Wandmalereien, die an die Fresken in Pompeji erinnern. Auch in anderen Teilen des Hauses fand man Freskenmalerei. Vom Erdgeschoß aus führten Treppen zu einem Teil des Souterrains mit verschiedenen Bädern, u. a. auch einem überdachten Ritualbad.

Außer der dicken Rußlage wiesen Münzen aus verschiedenen Jahren des jüdischen Aufstandes darauf hin, daß das Haus bis 70 n.Chr gestanden haben muß. Zu den besonderen Funden im Haus gehören Steintische, die in der Mitte von einem etwa 75 cm hohen, säulenartig behauenen Steinfuß getragen wurden (Foto 8); Glasgefäße, darunter in griechischer Schrift signierte des Glasbläsermeisters Ennion: „von Ennion gemacht" (Abb. 7.11), und eine kleine, schön gearbeitete Sonnenuhr, wie die bei den Ausgrabungen am Tempelberg.

Die Größe und Ausstattung des Hauses bestärkten den Archäologen Avigad in seiner Ansicht, daß dieses Haus von einem der Hohenpriester bewohnt gewesen sein könnte, die – wie man weiß – in diesem Stadtteil residierten.[17] Die verschiedenen Bäder waren im Zusammenhang mit religiösen Reinigungsvorschriften nötig.

17 Vgl. dazu auch den „Nachtrag: Ausgrabungen 1989–1996" (S. 165–167)[Anm. des Hrsg.].

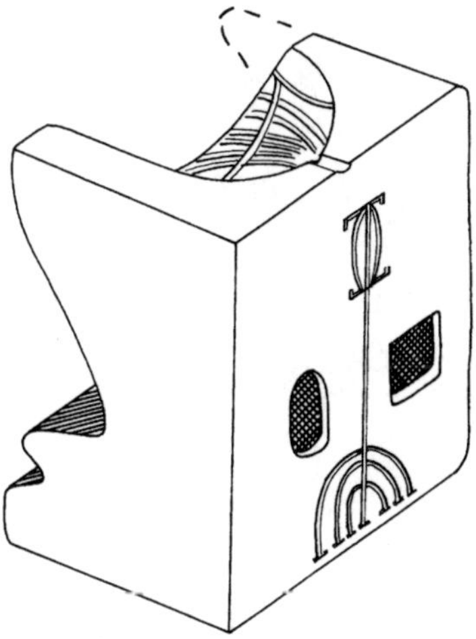

Abb. 7.12
Kleine Sonnenuhr aus Stein, Höhe ca. 10 cm, auf der Rückseite eine eingravierte Menora (herodianische Periode).

Das ausgebrannte Haus (Abb. 7.13)

Als drittes Beispiel für den luxuriösen Baustil der herodianischen Zeit verweisen wir auf das „ausgebrannte Haus“ („Burnt House“), dessen Reste 1970 in „Areal B“ bei der Straße Misgav Ladach gefunden wurde. Von einem jahrhundertelang angewachsenen Schuttberg befreit, war es eines der ersten Häuser, das deutliche Spuren des Brandes vom Jahre 70 aufwies. Nach der Zerstörung dieses Hauses wurde an gleicher Stelle nichts mehr errichtet, so daß man dort alles so antraf, wie es hinterlassen worden war. Aus einer Vielzahl von in den Zimmern herumliegenden Münzen konnte alles genau datiert werden. Einige Münzen zeigten das Bildnis römischer Prokuratoren, die Mehrzahl jedoch waren jüdische Münzen aus der Zeit des Aufstandes gegen die Römer (66 bis 70 n. Chr.). Man fand auch eine Reihe von Münzen aus dem Jahre 4 des Aufstandes (dem Jahr 69).

Vom Souterrain des Hauses konnten 55 m^2 freigelegt werden. Dieser Teil besaß vier Zimmer, eine kleine Küche und ein Badezimmer, die darüberliegenden Etagen sind nicht erhalten geblieben. Die Bewohner wurden offensichtlich vom Feuer überrascht: An der Küchenmauer fand man die Überreste eines Armes einer jungen Frau. In einem der Räume stand ein Eisenspeer griffbereit. Ansonsten fand man Tongefäße aller Art, darunter Kochtöpfe, große Krüge, Flaschen, kleine Parfüm-Fläschchen; auch eine Reihe großer steinerner Gegenstände: Maßbecher, Vasen, Steingewichte und Tische (Abb. 7.14).

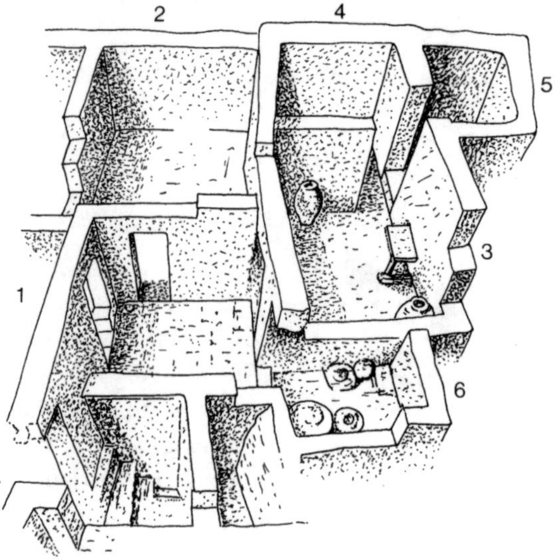

Abb. 7.13
Künstlerische Rekonstruktion des ausgebrannten Hauses
1. Innenhof, gepflastert mit Steinen
2.–4. mittelgroße Zimmer
5. kleines Zimmer
6. kleine Küche
7. kleines Ritualbad, erreichbar über die Stufen

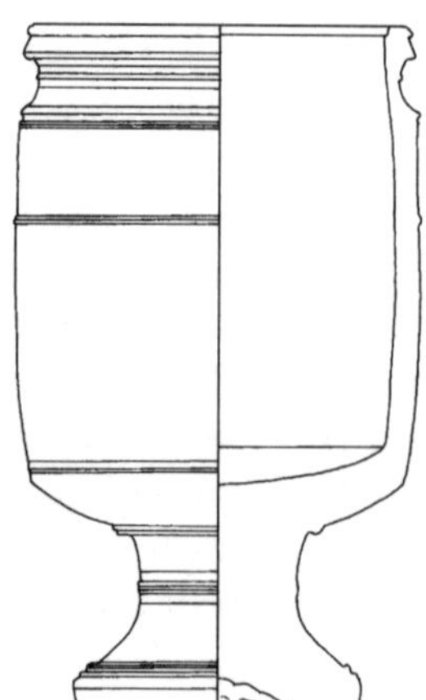

Abb. 7.14
Faß aus Kalksandstein in der Form eines Bechers; Höhe ca. 70 cm. Solche Art Fässer wurden mit Hilfe einer Drehbank angefertigt.

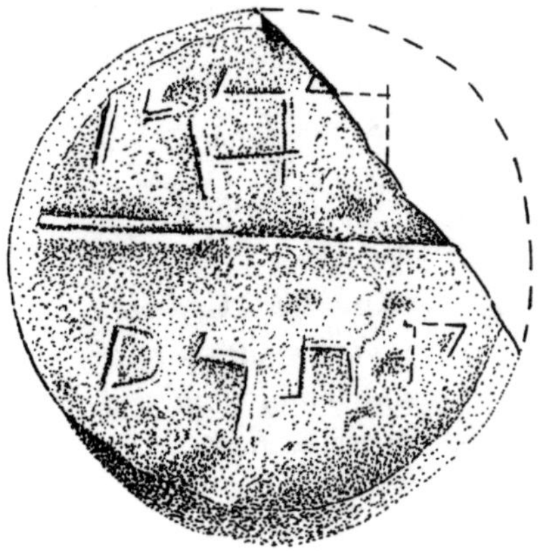

Abb. 7.15
Steingewicht mit der Aufschrift „(von) Bar Kathros".

Auf einem der Steingewichte fand man den Namen „Bar Kathros" eingekratzt (Abb. 7.15). Im Talmud (Traktat Pesachim 57a) wird das „Haus des Kathros" genannt, eine wichtige Priesterfamilie in der Zeit des Zweiten Tempels. Weil man in allen Räumen in den Boden eingelassene Öfen fand, ist es möglich, daß im Souterrain dieses Hauses ein kleiner Betrieb untergebracht war. Aber das Ganze kann auch Teil eines Haushaltes einer gutsituierten Familie gewesen sein, wie dies auch anderswo in diesem Stadtteil vorkommt.

Glas

Neben diesen drei beeindruckenden Ausgrabungsstätten gibt es noch zahlreiche andere Stellen, an denen Grabungen vorgenommen wurden und wo man interessante Funde ans Tageslicht förderte. Wir haben bereits mehrfach auf Glasfunde hingewiesen. In einem gefüllten Reservoir (Areal J) stieß man auf eine Menge von Glasabfällen, offensichtlich die mißlungenen Überbleibsel eines glasproduzierenden Betriebes. Außer Fragmenten von aus Glas angefertigten Schalen – eine bekannte Technik in hellenistischer Zeit –, fand man eine Menge *geblasenes* Glas, meist von Flaschen stammend. Auch gedrehte Stäbchen aus Glas zu kosmetischen Zwecken und andere längliche Formen, die Spuren der Pinzetten aufwiesen, mit denen sie während des Blasvorgangs festgehalten worden waren, gehörten dazu (Abb. 7.16). Dieser Fund ist für die Geschichte der Glasherstellung von großer Bedeutung.

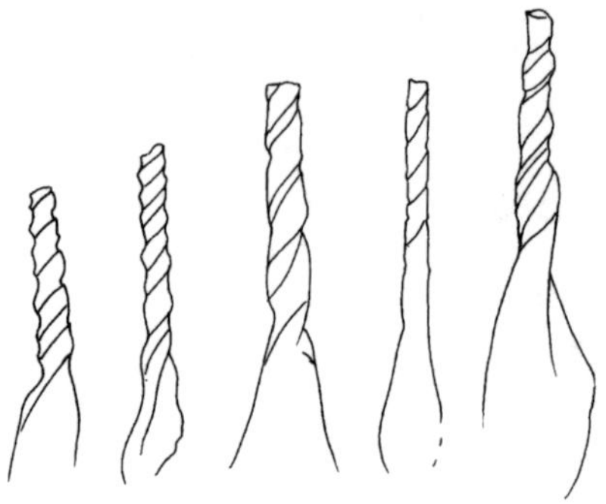

Abb. 7.16
Glasabfälle. Gedrehte Stäbchen, die ca. 15 cm lang waren und kosmetischen Zwecken dienten.

Zusammen mit dem Glas fand man auch Hunderte von Münzen von Alexander Jannäus (103–76 v. Chr.). Avigad folgert daraus, daß die Glasbläserei bereits Mitte des 1. Jhs. v. Chr. begonnen haben könnte[18].

Tonwaren

Wie gewöhnlich bestand auch bei diesem Ausgrabungskomplex ein Großteil der Funde aus Tonwaren, wobei sowohl komplette Gegenstände wie auch Scherben gefunden wurden. Außer Schalen, Töpfen und Krügen gab es sogenannte „herodianische" Öllämpchen: Diese waren rund, auf der Drehscheibe gemacht, mit einem großen Fülloch versehen, hatten eine große Tülle und besaßen außer einer eingekratzten Linie oder einen Kreis kaum Verzierungen (Abb. 7.17). Eine Reihe der Schalen war schön mit Figuren wie Blättern und Zweigen oder manchmal mit fast abstrakt anmutenden Motiven bemalt. Weil man in diesen Übereinstimmungen mit anderen Ausgrabungen von schön bemalten nabatäischen Tonfunden sah, sprach man hier anfänglich von pseudo-nabatäischen Tonwaren. Tonuntersuchungen bei einer Anzahl dieser Funde ergaben jedoch, daß alle Gegenstände in Jerusalem hergestellt worden waren (Abb. 7.18)[19].

18 A. Engle vertritt hierzu eine andere Meinung. Sie weist darauf hin, daß Avigads frühe Datierung vor allem auf Münzfunden beruht, die gemeinsam mit dem Glas gefunden wurden. Münzen können jedoch sehr lange in Umlauf bleiben. Die Pflasterung, unter der das Glas entdeckt wurde, könnte 64 n. Chr. gelegt worden sein.

19 I. Pearlman, J. Gunneweg und J. Yellin, Pseudo-Nabatean Ware and Pottery of Jerusalem, *Bulletin of the American School of Oriental Research* 262 (1986), S. 77–83.

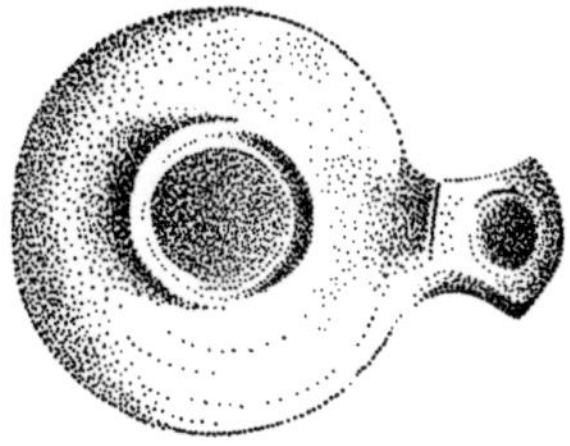

Abb. 7.17
Herodianische Öllampe, 1. Jh. n. Chr.

Abb. 7.18
Tonschale aus Jerusalem; hellbraun, mit dunkelbrauner Blumenverzierung

Menora

Bei einer Reihe von Freskenresten aus herodianischer Zeit (Areal A, s. Abb. 7.8) entdeckte man in einer Füllmasse zwischen zwei Böden zwei Fragmente von unbemalten Kalksteinen, in welche ein siebenarmiger Leuchter, eine „Menora“, von ca. 20 cm Höhe eingraviert war (Abb. 7.19). Die sieben Arme zeigen feine Blatt- und Knospenzeichungen, die zu der Beschreibung der Menora in 2. Mose 37,17–24 passen. Abbildungen der Menora aus der Zeit des Zweiten Tempels sind sehr selten (vgl. Abb. 7.12); schematisch erscheinen sie auf Münzen aus der spät-hasmonäischen Periode. Bekannt ist die Abbildung bei den erbeuteten Tempelgeräten auf dem Titus-Bogen in Rom. Dieser Triumphbogen wurde im Jahre 81 n. Chr. errichtet. Im Grabmal Jasons in Jerusalem gibt es eine Reihe von flüchtigen Skizzen eines Menora-Motives (Abb. 7.20); eine eingravierte Menora fand man auch auf einer Sonnenuhr in der direkten Umgebung des Tempelplatzes (Abb. 7.12). Die detaillierte Abbildung des Fundes auf dem Westhügel ist eine interessante Ergänzung unserer Kenntnis dieses wichtigen Tempelgerätes.

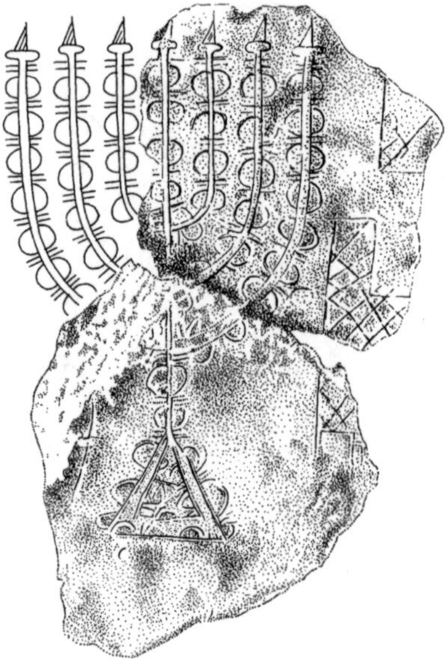

Abb. 7.19
Menora; zwei Fragmente aus Kalksandstein mit einer Abbildung des siebenarmigen Leuchters, Höhe 20 cm. An der rechten Seite vermutet man den Tisch mit den Schaubroten und einen Altar.

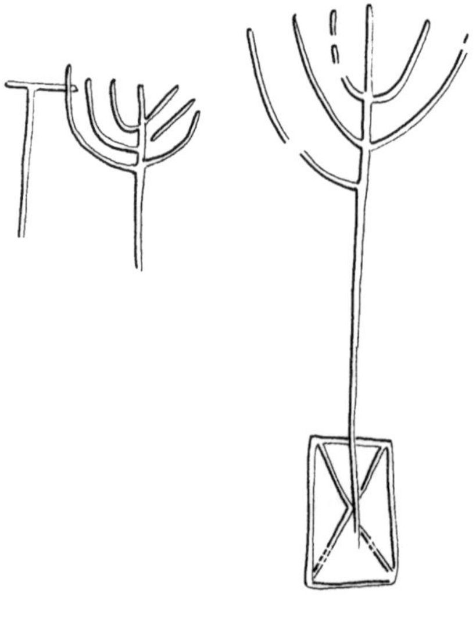

Abb. 7.20
Eingekratzte Abbildungen des siebenarmigen Leuchters auf einer Mauer im Grab Jasons, West-Jerusalem.

Synagogen

Mit der Zerstörung des Tempels wurde auch der Tempeldienst beendet. Die jüdische Bevölkerung war auf die Synagoge als religiöses Zentrum angewiesen. Aus der Literatur (u. a. aus dem Neuen Testament) und durch Ausgrabungen ist bekannt, daß die Synagoge als Einrichtung bereits vor dem Jahre 70 n. Chr. bestanden haben muß.

Interessant war der Fund von R. Weill bei seinen Ausgrabungen im Südteil der Davidsstadt. In einer Zisterne entdeckte er eine kalksteinerne Platte mit einer auf griechisch abgefaßten Inschrift, die besagt, daß ein gewisser Theodotos eine Synagoge habe bauen lassen „für das Lesen des Gesetzes und die Unterweisung in den Geboten". Die Inschrift wird auf die herodianische Zeit datiert[20] (Foto 3).

Die Ausgrabungen erzählen ihre eigene Geschichte: über Volksglauben und religiöse Vorschriften, Baumaßnahmen und Handel, über Aufstände und Zerstörungen. Vielleicht gerade wegen der Vielzahl der Funde aus dem Alltagsleben mit Details wie einer Sonnenuhr, einem kaputten Kochtopf, Glasflakons oder einem Fußbad wird der Abstand zwischen den Menschen damals und uns heute geringer. Die Ausgrabungen auf dem Westhügel haben besonders viel Material zu dieser bewegten Periode erbracht. Grundrisse von Häusern und Funde von Gegenständen sind wichtige Ergänzungen zu den schriftlichen Quellen. Durch Vergleich und Kombination ist es möglich, sich ein anschauliches Bild vom Leben in Jerusalem unter Herodes dem Großen zu machen, der Blütezeit des Zweiten Tempels bis hin zu seiner dramatischen Zerstörung im Jahre 70 n. Chr.

---

20 H. Shanks, *Judaism in Stone. The Archaeology of Ancient Synagogues*, New York 1979, S. 18–19. [Gegen Versuche einer Datierung in nachneutestamentliche Zeit vgl. R. Riesner, Synagogues in Jerusalem, in: R.J. Bauckham, *The Book of Acts in Its Palestinian Setting*, Grand Rapids – Carlisle 1995, S. 179–211 (Anm. des Hrsg.)].

8. Aelia Capitolina – Die römische Zeit (70–324 n. Chr.)

Geschichte

Nach der Zerstörung des Tempels und dem Brand auf dem Westhügel spielte Jerusalem in politischer Hinsicht vorläufig keine Rolle mehr. Die Römer waren Herren der Stadt, die meisten jüdischen Bewohner waren getötet, geflohen oder wurden als Sklaven verkauft. Die Hafenstadt Caesarea wurde zur Hauptstadt der Provinz Judäa. Die 10. Römische Legion, „Fretensis", schlug in Jerusalem ihr Lager auf, bis sie gegen Ende des 3. Jhs. nach Eilat am Roten Meer verlegt wurde.

Josephus hat in seiner dramatischen Beschreibung des Stadtuntergangs den Eindruck hinterlassen, es sei kein Stein auf dem anderen geblieben. Spuren der Zerstörung sind deutlich zu erkennen: Nahe dem Tempelplatz liegen noch immer die großen Steinquader, die während der Zerstörung nach unten gestürzt waren; auch auf dem Westhügel sind bis heute Zeichen der damaligen Zerstörung zu erkennen. Jedoch weisen verschiedene Archäologen darauf hin, daß diese Zerstörung nicht so endgültig gewesen sein kann, wie Josephus sie schildert. Unter einigen Säulen, die vom Tempelplatz nach unten gestürzt wurden, fand man Tonwaren aus byzantinischer Zeit. Dies bedeutet, daß zumindest ein Teil des Platzes bis in byzantinische Zeit bestanden haben muß. Auch auf dem Westhügel wurden Reste von Häusern gefunden, welche die Zerstörung überstanden. In kleinerem Umfang könnte die Stadt weiter bewohnt geblieben sein.

Für die Geschichte nach dem Jahr 70 ist man auf andere Quellen als Josephus angewiesen. Die wichtigsten sind die Werke des römischen Geschichtsschreibers Dio Cassius (ca. 200 n. Chr.) und das Werk des Bischofs Eusebius von Caesarea (260–339). Vorsichtshalber muß man jedoch berücksichtigen, daß die Archäologie deren Hinweise noch nicht in allem bestätigen kann.

Allgemein wird davon ausgegangen, daß die Zehnte Legion sich auf dem Südteil des Westhügels niederließ, an der Stelle, wo sich die Zitadelle und der Palast des Herodes befanden. Nach Josephus' Ausführungen ließ Titus die drei Türme der Zitadelle stehen.

Die Hauptaufgabe der Soldaten bestand darin, die Juden an einem Neuaufbau der Stadt und des Tempels zu hindern. Von ihrem Lager sind keine Überreste erhalten geblieben. Die bekanntesten Funde aus diesem

Abb. 8.1
Tonziegel mit der Aufschrift L E X F R – dem Zeichen der römischen „Zehnten Legion Fretensis", die zwischen 70 und 324 in Jerusalem stationiert war.

Gebiet sind runde und viereckige Bausteine, Dachziegel und Wasserleitungsrohre, die aus gebranntem Ton und mit dem Zeichen der Zehnten Legion versehen waren (Abb. 8.1). Diese Materialien verwendeten die Soldaten beim Bau von Thermen, Öfen und Wasserleitungen. Die Produktion war von guter Qualität. Vieles davon fand sich in Gebäuden späteren Datums wieder.

Weitere Spuren der römischen Legion sind verstreute Funde wie beispielsweise die Bronzefigur des keltischen Reiters, die man im Lager am Fuß des Tempelberges fand (Foto 6). Diese Figur ist mit einem Fund an der Themse, ebenfalls im Lager einer römischen Legion gefunden, nahezu identisch. Fragmente von Figuren, unter anderem der Marmortorso eines Jünglings, kunstvoll dekorierte Lampen, Siegelringe und Münzen bestätigen die Präsenz der Römer. Die Münzen zeigen oft die Bildnisse römischer Kaiser. Auch gibt es Münzen mit der Aufschrift „Iudaea Capta" – „Judäa ist eingenommen" (Abb. 8.2). Diese Münzen wurden aus Anlaß des Sieges über die Juden geprägt. Auffallend wenig Funde haben mit dem Alltagsleben zu tun, was für die nur befristete Präsenz von Soldaten bezeichnend ist.

Aelia Capitolina

Im Jahre 117 n.Chr. kam der römische Kaiser Hadrian an die Macht. Er unternahm 130/131 eine Reise nach Judäa. Auch wenn dies nirgendwo direkt Erwähnung findet, nahm man an, daß er speziell Jerusalem aufsuchte.[1] Während seiner Reise gab er den Befehl zum

1 Der Besuch Hadrians in Jerusalem wird 392 aufgrund älterer Quellen erwähnt durch Bischof Epiphanius von Salamis, *De mensuris et ponderibus* 14 (Patrologia Graeca 43, 260) [Anm. des Hrsg.].

Abb. 8.2a
Münze „Iudaea capta" („nach der Eroberung Judäas"), Bronze. Siegesmünze Vespasians nach der Niederwerfung des jüdischen Aufstands von 70 n. Chr. Unter einer fruchttragenden Dattelpalme sitzt die trauernde Judäa; hinter ihr Titus in Feldherrnkleidung, auf den Speer gestützt, den linken Fuß auf einem Helm (Rückseite; die Vorderseite zeigt das Bild des Kaisers).

Wiederaufbau der Stadt nach römischem Muster, d.h. auch zum Bau eines Jupitertempels an der Stelle des zerstörten jüdischen Tempels. Zwei große Straßen durchkreuzten die Stadt: Der *Cardo Maximus* in Nord-Süd-Richtung und der *Decumanus Maximus* in Ost-West-Richtung. Ob Hadrian mit seinen Plänen den Zorn der Juden heraufbeschworen hat oder ob er hierdurch gerade ihren Widerstand brechen wollte, ist ungeklärt.

Jedenfalls brach im Jahre 132 unter Führung des Simon Bar Kochba der zweite große Aufstand der Juden gegen die Römer aus.[2] Ihre Wut war besonders durch die Tatsache hervorgerufen, daß Hadrian nicht nur die Stadt wiederaufzubauen begann, sondern das Gebiet auch zu einer römischen Kolonie machen wollte und den Tempelplatz zu einem Heiligtum für Jupiter. Nach einer Reihe von Anfangserfolgen mußten die Aufständischen jedoch erkennen, daß sie sich gegenüber der römischen Übermacht nicht behaupten können. Im Sommer 135 wurde Bar Kochba besiegt und als Gefangener mit nach Rom geführt. Danach wurde die römische Kolonie – Aelia Capitolina – gegründet.

Münzen erinnern an diese Geschehnisse. Aus den Jahren 132/133 datieren Münzen jüdischer Herkunft mit der Aufschrift *Simon* (Bar Kochba) (Abb. 8.2b). Eine römische Münze mit der Aufschrift: *Col(onia) Ael(ia) Kapit(olina) Cond(ita)* – Gründung der Kolonie Aelia Capitolina – zeigt eine Feierlichkeit, bei welcher der Verlauf der neuen Mauer durch pflügende Kühe angedeutet wird (Abb. 8.2c).

Die Stadt wurde nach Hadrian benannt, dessen Vorname Aelius war. Capitolina fügte er zur Ehre der drei Götter des Capitols in Rom hinzu. Er verbot den Juden strikt, Jerusalem zu betreten.

2 Vgl. P. Schäfer, *Der Bar Kokhba-Aufstand,* Tübingen 1981, S. 78–101 [Anm. des Hrsg.].

Abb. 8.2b
Münze Bar Kochbas, Silber
Vorderseite: Fassade des Jerusalemer Tempels (mit Toraschrein) und der Aufschrift: Shim'on. Rückseite: Ein „lulab" (Feststrauß) und ein „etrog" (Zitrusfrucht) mit der Aufschrift: „Jerusalem – Jahr 2 der Freiheit Israels".

Abb. 8.2c
Münze mit der Abbildung zweier pflügender Kühe und der Aufschrift: COL. AEL KAPIT COND: „Gründung der Colonia Aelia Kapitolina".

Inschriften

Eine Reihe von Inschriften erinnern an die Bauaktivitäten verschiedener römischer Kaiser im Blick auf Jerusalem. Am Fuß des Tempelberges fand man eine Steinsäule, auf der Titus in seiner späteren Funktion als Kaiser erscheint. Auf einem von unten nach oben eingemauerten Stein beim doppelten Hulda-Tor wird der Name Vespasians erwähnt (Abb. 8.3). In der Nähe des Tempelberges fand man auf wiederverwerteten herodianischen Pflasterplatten oft den Namen des römischen Kaisers Lucius Septimus Severus (Ende 2. Jh.). Aus der Inschrift wird klar, daß dieses Gebäude, für das der Stein benutzt worden war, diesem Kaiser geweiht gewesen sein muß.

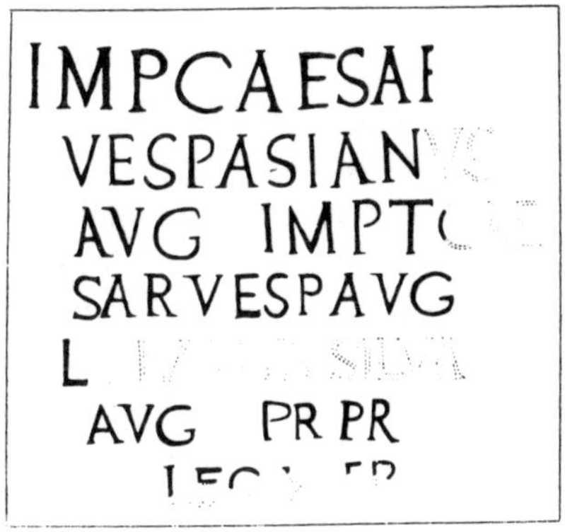

Abb. 8.3
Steinsäule mit lateinischer Inschrift, geweiht dem Kaiser Vespasian (Titus).

Der Wiederaufbau der Stadt

Archäologen haben eifrig nach Orten und Straßen gesucht, welche die Durchführung der Pläne Hadrians belegen. Regelmäßig findet man in Reiseführern und Beschreibungen Jerusalems Hinweise oder Angaben zum Tetrapylon, einem Gebäude, das an dem Schnittpunkt des *Cardo* und des *Decumanus* gestanden haben soll. Touristen und Archäologen haben aber vergeblich danach gesucht. So verhält es sich mit mehreren angenommenen Bauwerken: Weder von einem Hippodrom (Pferderennbahn), noch von einem Theater sind bisher Spuren gefunden worden, auch wenn sie auf den meisten Karten aus dieser Periode angedeutet sind. Allerdings sind bei verschiedenen Ausgrabungen des dichtbewohnten Nordostens der Altstadt Reste eines römischen Forums gefunden worden.

Bei den Ausgrabungen auf dem Westhügel kamen große Teile einer mit Säulen eingefaßten Straße, die schon von der Madaba-Karte (Abb. 9.1) her bekannt war, zum Vorschein. Wie im nächsten Kapitel deutlich werden wird, war dies nicht ein Teil des anfangs vermuteten römischen *Cardo*, vielmehr datierte alles aus byzantinischer Zeit. Römisch ist wohl der Teil einer Straße, die im Norden der Stadt entdeckt wurde. Beim Damaskus-Tor sieht man unten an der linken Seite beim heutigen Zugangsweg ein kleines Tor, durch welches der älteste Teil des *Cardo* erreichbar ist. Das Tor datiert aus römischer Zeit und ist der Ostteil eines dreifachen Tores, welches Zugang zur Stadt verschaffte. Dieser römische Teil des *Cardo* ist erst zu einem kleinen Teil freigelegt worden.

Der Ecce-Homo-Bogen

Ein zweites bekanntes Bauwerk aus römischer Zeit ist der „Ecce-Homo-Bogen" in der Via Dolorosa. Anfänglich ging man davon aus, daß dies der Ort sei, an dem Pilatus die Worte „Seht, welch ein Mensch!" – „Ecce Homo!" gesprochen habe (Joh 19,5). Später zeigte sich jedoch, daß dieser Bogen ca. ein Jahrhundert später errichtet worden war als Teil einer Stadterneuerung unter Hadrian. Der Bogen ist im Kloster der „Schwestern von Zion" zu besichtigen. Dort findet man auch das Lithostrotos, das alte Steinpflaster, von dem man angenommen hatte, daß Pilatus hier das Urteil über Jesus gesprochen habe (Joh 19,13). Aber auch dies gehört in hadrianische Zeit (2. Jh. n. Chr.).

Wenn man sich ein Bild von der römischen Stadt nach der Eroberung durch Titus verschaffen will, ist davon auszugehen, daß sich auf dem Südwesthügel das Lager der Zehnten Legion befand. Aus Funden in der Nähe des Tempelberges wird klar, daß dieses Lager größer war als bisher angenommen. Der bewohnte Teil dürfte im Nord-Westen konzentriert gewesen sein, denn dort fand man die meisten Besiedlungsspuren. Wenig weist darauf hin, daß man sich in dem beschaulichen Provinzstädtchen, das Jerusalem in den Jahrhunderten der römischen Herrschaft gewesen sein muß, Sorgen um die Errichtung oder Verstärkung von Stadtmauern machte. Erst der Abzug der Zehnten Legion nach Süden machte dies nötig.

9. Die Stadt vieler Kirchen – Die byzantinische Zeit (324–638 n. Chr.)

Geschichte

Im Jahre 323 n. Chr. schlug der römische Kaiser Konstantin der Große den Kaiser Licinius des oströmischen Reiches und errang so die Herrschaft auch über den Osten. Dazu gehörte Israel als Teil der Provinz Syrien-Palästina. Jerusalem stieg erneut auf zu einem religiösen Zentrum, diesmal der christlichen Religion. Konstantin gab den Auftrag zum Bau einer Kirche an der Stelle, wo nach christlicher Überlieferung das Grab Jesu lag: Die Anastasis (Auferstehungskirche) oder Grabeskirche. Auf dem Berg Zion entstand später die Hagia Sion, die „Mutter aller Kirchen". Auch an anderen Orten in und um Jerusalem wurden Kirchen gebaut, beispielsweise auf dem Ölberg. Von den meisten Kirchen sind noch Teile erhalten oder Reste gefunden worden.

Für Juden war Jerusalem damals eine verbotene Stadt. Nur während der Regierungszeit des Julian Apostata (dem „Abgefallenen", Regierungszeit 361–363 n. Chr.) bekamen sie die Erlaubnis zur Rückkehr in die Stadt. Es wurden sogar Pläne für den Wiederaufbau des Tempels geschmiedet. Kaiser Julian war ein Bewunderer des Hellenismus und versuchte in seinem Kampf gegen das Christentum, das er geringschätzte, die Gunst der Juden zu gewinnen. Nach seinem frühen Tod wurden seine Zusagen hinfällig.

Von 443–460 wohnte die Gattin des Kaisers namens Eudokia in Jerusalem, nachdem sie von Theodosius II. geschieden worden war. Während ihres Aufenthaltes wurde in Jerusalem viel gebaut: Zwei neue Kirchen entstanden, eine beim Siloah-Teich, eine andere nördlich des Damaskus-Tores; die Stadtmauern wurden vom Ofel über den Siloah-Teich hin zum Berg Zion, der nun wieder innerhalb der Mauern lag, wiederaufgerichtet. Die Juden durften nach Jerusalem zurückkehren[1].

Schließlich gab es unter dem Kaiser Justinian (527–565) eine längere Blütezeit mit wichtigen Baumaßnahmen. Er ließ eine große Kirche, die „Neue Kirche der Mutter Gottes", bekannt als Neakirche, bauen. Die Anlage der Südhälfte des Cardo, dessen nördlicher Teil aus römischer Zeit stammt, könnte das Werk Justinians gewesen sein. Er wollte damit eine Verbindung zwischen der Grabeskirche und der Neakirche schaffen.

1 Vgl. R.L. Wilken, *The Land Called Holy*, New Haven – London 1992, 140–141. 308–309 [Anm. des Hrsg.].

Ab dem 7. Jh. n. Chr. kam der Wohlstand zum Erliegen. Im Jahre 614 fielen die persischen Sassaniden in Jerusalem ein und richteten große Zerstörungen an. Tausende von Christen fanden den Tod. Im Jahre 628 eroberten die Byzantiner die Stadt zurück, aber nur für kurze Zeit, denn bereits 638 fiel Jerusalem nach einjähriger Belagerung durch den Kalifen Omar I. den Moslems in die Hände.

Die Madaba-Karte (Abb. 9.1)

Im Jahre 1884 wurde in Madaba, im damaligen Transjordanien, der Fußboden einer Kirche entdeckt, auf welchem mit farbigen Mosaiksteinchen eine Karte des Heiligen Landes angelegt war[2]. Auf dieser ist Jerusalem mit großer Genauigkeit in einer Größe von 54x93 cm abgebildet. Die Kirche selbst stammt aus dem 6. Jh. n. Chr.; es ist davon auszugehen, daß man mit dieser Karte ein relativ zuverlässiges Bild der Stadt in spät-byzantinischer Zeit vor sich hat. Aus Berichten von Pilgern, die in großer Zahl die Heilige Stadt besuchten, kann dieses Bild hier und da ergänzt werden. In den sogenannten Itineraria (Reiseberichten) beschrieben sie ihren Reiseweg und ihre Erfahrungen.

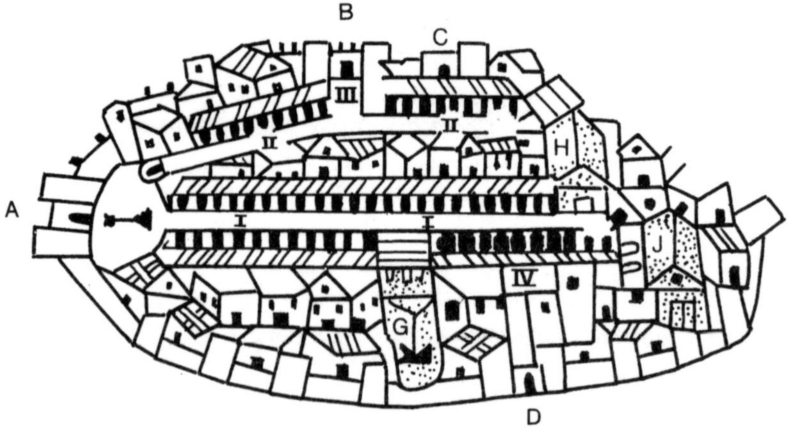

Abb. 9.1
Madaba-Karte – (Erklärung im laufenden Text).

2 H. Donner – F. Cüppers, *Die Mosaikkarte von Madeba I: Tafelband*, Wiesbaden 1977 [Anm. des Hrsg.].

Erklärung zur Abbildung der Madaba-Karte:

A *Stephanus-Tor,* heutiges Damaskus-Tor
B *Osttor,* gegenwärtig Stephanus- oder Löwentor
C *Goldenes Tor,* jetzt geschlossen, aber in byzantinischer Zeit geöffnet
D *Davidstor,* das heutige Jaffa-Tor, mit einem kleineren und niedrigeren Eingang als gegenwärtig

Beim Damaskus-Tor ist eine Säule sichtbar; der arabische Name der Straße ist bis heute „Straße des Tores von der Säule".

Quer durch die Stadt verlief vom Damaskus-Tor nach Süden eine durch Säulen flankierte Straße, der *Cardo Maximus* (I), entlang der *Anastasis* (G) hin zur *Neakirche* (H).

Über ein „Innentor", das *Zionstor* (E), gelangt man zur *Heiligen Zionskirche* (J) auf dem Berg Zion, welche durch die von Eudokia wiederaufgebauten Stadtmauern umgeben ist.

Die Straße ab dem Jaffa-Tor hat nach Osten hin (IV) den gleichen Verlauf wie die heutige Davidstraße. Vom Damaskus-Tor läuft noch heute eine Straße von Norden nach Süden, begrenzt durch ein Portico mit Säulen (II): Der Cardo durch das Stadttal oder der *Cardo Vallensis.* Die zum östlichen Tor hin verlaufende Straße (III) bildet einen Teil der heutigen *Via Dolorosa.*

Stadtteil rund um den Tempelplatz

Die byzantinischen Herrscher richteten ihr religiöses Interesse vor allem auf jene Orte, die der christlichen Tradition von Bedeutung waren. Tempel und Tempelplatz spielten hierbei keine wesentliche Rolle.

Bei den Ausgrabungen rund um den Tempelplatz traf man unter Gebäuderesten aus arabischer Zeit auf Reste von Fundamenten, die man auf die byzantinische Zeit datierte (Abb. 7.1). Diese Vermutungen wurden bestätigt, als man im Schutt unter den Häusern eine Goldmünze aus der Regierungszeit des römischen Kaisers Claudius Tacitus (275/276) und weitere Münzen aus der Zeit Kaiser Konstantins (306–337) ans Tageslicht förderte. Die Häuser müssen nach dieser Zeit gebaut worden sein.

Konstantin der Große regte Pilger zum Besuch Jerusalems und der Grabeskirche an. Diese Pilgerreisen dauerten meist mehrere Jahre; man benötigte also Einrichtungen für die Unterbringung und die Bewirtung dieser Besucher; vielleicht haben sie in den neuen Stadtteilen unterhalb des Tempelplatzes Quartier bezogen.

Die ersten Häuser wurden am Südzugang zur Umfassungsmauer des Tempelplatzes entdeckt, beim Doppelten Hulda-Tor. Danach entdeckte man auch Häuser in der Südostecke, in der Nähe des Dreifachen Hulda-Tors (Abb. 9.2). Die Häuser aus der Frühzeit waren großzügig angelegt; man verfügte offensichtlich über genügend Baugrund. Nach der früh-byzantinischen Zeit gibt es hier und da Spuren der Zerstörung; spätere Häuser standen viel näher beieinander.

Die früh-byzantinischen Häuser verfügten in der Regel über zwei Etagen; das „Erdgeschoß" war offensichtlich eine Art Souterrain. Diese untere Etage hatte nach außen hin keine Fenster oder Türen, man gelangte über eine Treppe oder über eines der Zimmer aus der oberen Etage in den Innenhof. Der Hof war mit Säulen eingefaßt, die wahrscheinlich ein Holzgestühl besaßen, und um diesen Hof gruppierten sich die Zimmer und die Küche, wie man anhand von Öfen und anderem Kücheninventar schlußfolgern kann. Der Wasservorrat befand sich in Zisternen, die in den Felsen gehauen und anschließend mit Mörtel abgedichtet worden waren.

In den späteren Häusern fand man schöne Mosaikböden; die Böden bestanden hier im Gegensatz zu den früheren Wohnungen aus festgestampfter Erde. Auch traf man in diesen Häusern späterer Zeit Spuren von häuslichen Betrieben: Glasbläserei, Töpferei und Färberei.

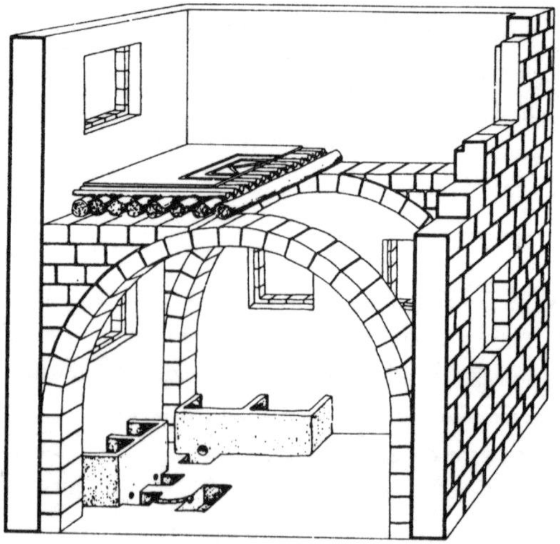

Abb. 9.2
Raum einer Färberei im Untergeschoß eines byzantinischen Gebäudes.

Stadtmauern

Im Jahre 333 n.Chr. besuchte ein anonymer Pilger, bekannt als der „Pilger von Bordeaux", die Heilige Stadt. Er beschreibt seinen Weg entlang der heiligen Stätten und nennt dabei die Stadtmauer, die in der Nähe des Siloah-Teiches lag. Später begegnet er dieser Mauer beim Besuch des Berges Zion erneut.

Bei der Ausgrabung südlich des Tempelberges kam ein Teil der Mauer ans Licht, welche die byzantinische Bebauung umschloß und offensichtlich als Schutz dieses Wohnviertels diente. Nach Süden hin verlief die Mauer über den Berg bis hinter den hasmonäischen Mauerabschnitt. Die Verstärkung und Restaurierung der Südmauer entlang des Ofel, die über den Siloah-Teich wieder entlang des Zionsberges nach Norden verlief, war das Werk der Kaisergattin Eudokia. In den Grabungskampagnen von F.J. Bliss und A.C. Dickie und bei der Grabung von Y. Shiloh wurden Teile hiervon gefunden (s. Karte 10.9).

Inschrift

Auf einem der großen Steinquader der Umfassungsmauer des Tempelplatzes, unter den bis heute sichtbaren Steinen des Robinsonbogens, wurde während der Ausgrabungen eine Inschrift mit hebräischem Text entdeckt:
WE-RA-IETEM WE-SAS LIBCHEM WE-ATSMOTAM KA-DESJEH TIF . . .
„Ihr werdet's sehen, und euer Herz wird sich freuen, und wie Gras soll euer Gebein (hervorsproßen . . .)" (Abb. 9.3).

Dieser Text ist ein fast wörtliches Zitat aus Jesaja 66,14, einem Abschnitt, der von der Rückkehr der Gefangenen nach Zion spricht. Als die Inschrift gefunden wurde, fragte man sich natürlich, wer diesen Text in die Mauer eingemeißelt haben könnte. Nach M. Ben-Dov verlief die Straße im 4. Jh. n.Chr. in einer Höhe entlang der Mauer, so daß der normale Passant den Text direkt vor Augen hatte. Darum datiert er diesen Text auf die byzantinische Zeit. Er bringt jedoch den Hinweis, daß diese Situation bis ins 7. Jh. n.Chr. hinein unverändert blieb. Darum ist die Vermutung verlockend, diese Inschrift mit dem Beschluß Julians Apostata in Verbindung zu bringen, der den Juden die Rückkehr in die Heilige Stadt gestattet hatte. Dies war schließlich seit dem Aufstand unter Bar Kochba (132–135) nicht mehr erlaubt gewesen. Hochgestimmte jüdische Pilger haben diesen Text viel-

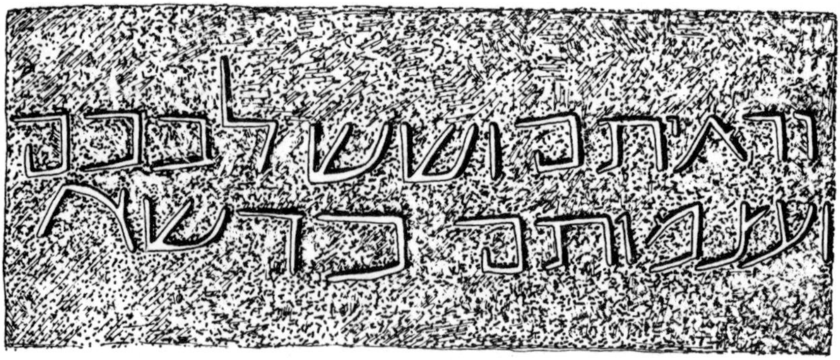

Abb. 9.3
Inschrift beim Robinsobogen mit einem Text aus Jesaja 66,14: Die Rückkehr der Gefangenen Zions.

leicht als ein Zeichen für bessere Zeiten betrachtet. Schließlich begannen sie ja mit Vorbereitungen zum Wiederaufbau des Tempels. Nur wenige Jahre später wurde dieser Beschluß jedoch rückgängig gemacht.

Der Cardo Maximus (Abb. 9.4)

Eine der größten Attraktionen für Besucher Jerusalems ist der restaurierte Cardo auf dem Westhügel gegenüber dem Tempelberg. Voller Andacht besuchen viele die mit großem Geschick und Einfallsreichtum restaurierten Geschäfte, Säulen und Wegabschnitte der alten Hauptstraße, die bereits in byzantinischer Zeit den Norden mit dem Süden der Stadt verband.

Daß der Cardo in byzantinischer Zeit eine wichtige Rolle im Straßensystem Jerusalems spielte, ist klar aus der Madaba-Karte abzulesen. An vielen Stellen in dessen Umgebung wurden Teile der Säulen gefunden, die später ein zweites Mal für andere Zwecke Verwendung gefunden hatten. Durch Renovierung des Basars entlang der Jewish Quarter Road wurde eine zielstrebige Suche nach Resten dieser Kolonnadenstraße möglich – nicht ohne Erfolg. Im Laufe der Zeit wurden über eine Länge von 180 m auf 2,5 m Tiefe unter der heutigen Straßenoberfläche Teile der Pflasterung des alten Cardo freigelegt[3]. Je weiter man nach Süden gelangte, desto

3 Siehe N. Avigad, *Discovering Jerusalem*, S. 213 ff.

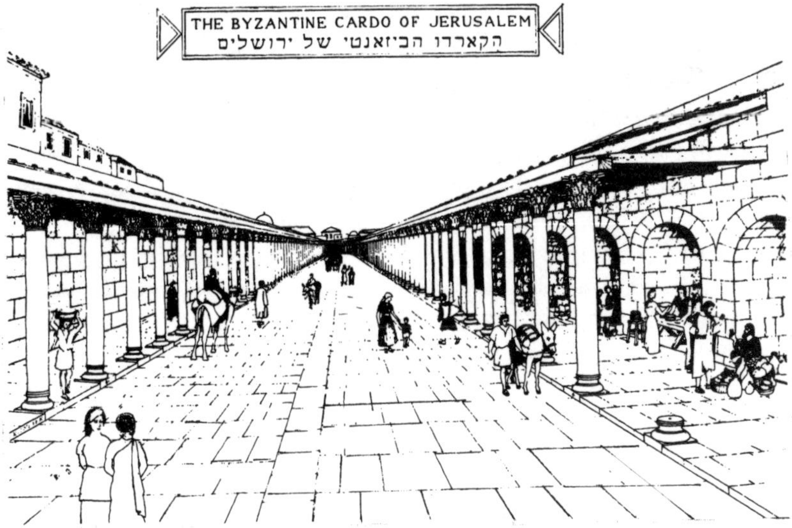

Abb. 9.4
Künstlerische Impression des regen Treibens auf dem Cardo Maximus. In der byzantinischen Zeit bildete der Cardo eine wichtige und pulsierende Verbindungsader zwischen dem Norden und Süden der Stadt.

größer war auch die Beschädigung. Man entdeckte Mauern, Säulen, einen Abwasserkanal und Reste von Geschäften. Aufgrund der Verhältnisse und Maße konnte man die Straße als eine Kolonnadenstraße von 22,5 m Breite rekonstruieren. An der Westseite hatte sie eine Mauer mit behauenen Steinen, an der Ostseite eine Arkade. Deren Bögen ruhten auf viereckigen Pfeilern von attischem Charakter. Dort befanden sich außerdem drei korinthische Säulen, deren Höhe 5 m betrug. Wahrscheinlich ist deren Oberbau aus Holz angefertigt gewesen: Teile von Architraven oder Kranzgesimsen hat man nicht gefunden (Foto 7).

Die große Frage: In welche Zeit war dieser neu entdeckte Cardo zu datieren? Im äußersten Norden der Stadt hatte man Teile des römischen Cardo gefunden. War dies die Fortsetzung des römischen Cardo, oder hatte man es hier mit einer Ausweitung aus der byzantinischen Zeit zu tun? Unter der Pflasterung fand man Tonscherben aus früh-byzantinischer Zeit. Es gab keinerlei Hinweise, daß hier vorher eine römische

Straße verlaufen wäre. Weiterhin stellte sich heraus, daß der Cardo nicht nach dem römischen Fußmaß von 29,6 cm, sondern nach dem byzantinischen von 32 cm gebaut worden war. N. Avigad kam so zu der Schlußfolgerung, daß der Cardo auf die byzantinische Zeit zu datieren sei. Völlig unumstritten ist sein Urteil zwar nicht, aber seine Argumente besitzen genügend Stichhaltigkeit.

Wer von den byzantinischen Bauherren könnte den Cardo errichtet haben lassen? Aufgrund archäologischer, aber auch historischer Argumente hält N. Avigad den Cardo für ein Werk des Kaisers Justinian im 6. Jh. n. Chr. Dieser hatte schließlich 543 die Neakirche vollendet, so daß der Cardo dazu dienen konnte, die beiden großen heiligen Stätten, Grabeskirche und Neakirche, miteinander zu verbinden.

Der Cardo Vallensis

Durch das Tyropöon-Tal verlief zur Zeit des Herodes ein wichtiger Weg entlang der westlichen Umfassungsmauer des Tempelplatzes. Von dieser „Straße des Tales" – *Cardo Vallensis* – ist bei Ausgrabungen entlang des Tempelberges ein Großteil wiederaufgefunden worden. Nach Süden hin haben Bliss und Dickie den Verlauf dieser Straße in Richtung Siloah entdeckt. Der Anfang dieser Straße ist wahrscheinlich beim Damaskus-Tor anzusetzen, genau wie dies beim bereits besprochenen Cardo Maximus der Fall war, der durch die Oberstadt verlief. Die Untersuchungen in diesem dichtbesiedelten Teil der Altstadt sind jedoch noch lange nicht abgeschlossen.

Auf der Madaba-Karte aus dem 6. Jh. n. Chr. wird diese Straße mit einer Kolonnade dargestellt. In byzantinischer Zeit erfüllte sie offensichtlich eine wichtige Funktion als Markt- und Geschäftsbereich. M. Ben-Dov gibt eine ausführliche Beschreibung der verschiedenen Abschnitte, die von dieser Straße gefunden wurden. Großenteils verlief sie genauso wie die Straße in herodianischer Zeit. Nach Süden hin jedoch verlief sie westlich davon. Dies war wahrscheinlich wegen der Schuttberge aufgrund der Zerstörung durch die Römer nötig, die sich auf diese Art umgehen ließ. Die ersten Teile des Cardo Vallensis wurden im Süden an der Außenseite der heutigen Stadtmauer westlich des Misttores gefunden. Die Straße war dort mit den großen Steinen aus der herodianischen Straße gepflastert, welche hier wiederverwendet wurden. Sie sind dort beim sogenannten Ledergerbertor aus der Kreuzfahrerzeit zu sehen. Im Norden innerhalb der Stadtmauern waren die Pflastersteine bedeutend kleiner. Unter der Straße fand man ein Rohr, daß bis ins 20. Jh. hinein seinen Dienst tat. Die Gesamtbreite dieses Cardo betrug 12 m; in der Mitte befand sich ein Fahrweg, an dessen Seiten die mit Kolonnaden überwölbten Passagen für die Fußgänger lagen. Einige Säulenbasen hat man entlang des Cardo Vallensis an ihrem ursprünglichen Ort gefunden.

Die Neakirche (Abb. 9.5)

„In Jerusalem weihte er (Justinian) der Gottesmutter ein Heiligtum, das mit keinem anderen verglichen werden kann. Es wird durch die Einwohner die Neue Kirche genannt." So beschreibt der Historiker Procopius, ein Zeitgenosse Justinians, in dessen Biographie die Nea Theotokos, die Neue Kirche für die Mutter Gottes[4]. Von diesem legendären Gebäude hatte man bisher niemals Spuren gefunden.

Bei seinen Ausgrabungen stieß N. Avigad auf eine 6,50 m dicke Mauer, von der 13 m freigelegt werden konnten; deren Fundamente lagen in einer Tiefe von 8 m auf dem ursprünglichen Fels (Abb. 7.8). In der Mauer fand man eine nach Osten ausgerichtete Apsis mit einem Durchmesser von 5 m. Dieser Fund wies darauf hin, daß man auf eine Kirche gestoßen sein mußte. Ein Kirche solchen Ausmaßes konnte nur die berühmte Nea sein.

In den folgenden Untersuchungen fand man mehrere Teile der Fundamente: Auf einem Abstand von 116 m westlich der Mauer mit der Apsis traf man auf die Eingangsschwelle. Diese lag in gleicher Höhe wie der Cardo Maximus, genau wie es auf der Madaba-Karte zu sehen ist. 35 m südlich der zunächst gefundenen nördlichen Apsis ragt außerhalb der heutigen Stadtmauer ein Vorsprung von fünf Reihen übereinander liegender Steine heraus, Reste eines massiven Gebäudes. M. Ben-Dov identifizierte sie als zur Neakirche gehörig. Später wurde auch die südliche Seiten-Apsis entdeckt. Die mittlere Apsis ist teilweise zerstört und liegt weiterhin unter modernen Gebäuden verborgen.

Obwohl unter den Archäologen unterschiedliche Ansichten bestehen, ob die Kirche drei oder vier Apsiden besaß, kann man doch den Grundriß der Neakirche in groben Zügen rekonstruieren. Mit einem Umfang von ca. 100 zu 52 m und einer Reihe von Säulengalerien, die diesen Raum unterteilten, ist dies die größte Basilika Palästinas aus byzantinischer Zeit.

---

4 Procopius: *Justinian's Buildings* (hrsg. H.B. Dewing – G. Downey), Cambridge Mass. 1961, S. 342 ff. [Anm. des Hrsg.].

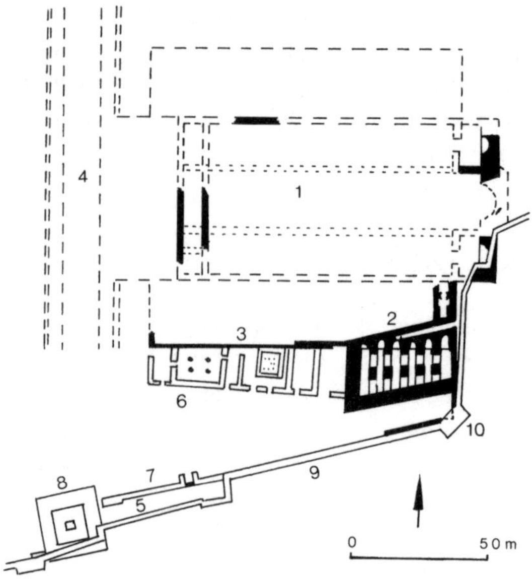

Abb. 9.5
Grundriß der Neakirche
1. Die Neakirche
2. Zisternengewölbe
3. Stützmauer
4. Trasse des Cardo
5. Byzantinische Straße
6. Gebäude aus der Kreuzfahrerzeit
7. Stadtmauer aus der Kreuzfahrerzeit
8. und 10. Türme aus arabischer Zeit
9. Türkische Stadtmauer

Gewölbte Zisternen

Burj Kibrit ist der Name eines Turmes im Südteil der Stadtmauer. Die Israelis planten auf diesem Gelände an der Innenseite dieses Turms den Bau eines kleinen Freilichttheaters, welches eine wunderbare Aussicht auf den Südteil des Kidrontales bieten würde. Die dem Bau vorausgehenden archäologischen Untersuchungen haben einen jahrelangen Aufschub des Vorhabens bewirkt. Bei der Entfernung des Schuttes stieß man auf das Dach einer Zisterne. Als man durch dieses ein Loch gestoßen hatte, schaute man in eine große Tiefe. Mit Strickleitern konnte man sich in einen ungefähr 10 m tiefen, überwölbten und mit Mörtel verputzten Raum abseilen lassen. Die Gewölbe wurden durch massive Säulen abgestützt; in die Mauern waren tiefe Nischen eingelassen. Erst später zeigte sich, daß Barclay, Warren und Schick bereits von diesen unterirdischen Gewölben gewußt hatten. Der Umfang der Gesamtanlage beträgt 9,5 x 17 x 33 m.

Obschon die mit Mörtel verputzten Räume und zwei Tonröhren darauf hinweisen, daß die Gewölbe zur Wasseraufbewahrung dienten, war davon auszugehen, daß ein solch massives und gewaltiges Bauwerk noch eine weitere Funktion besessen haben müßte. Die Nähe der Neakirche, die Teil eines größeren Baukomplexes gewesen sein mochte, trug zu dieser Vorstellung bei. Auch Procopius hatte in seinen Beschreibungen von Gewölben berichtet.

Die Lösung brachte die Entdeckung einer großen, hoch in der Mauer ausgehauenen, griechischen Inschrift. Die Inschrift war 1,2 m lang und völlig erhalten (Abb. 9.6). Ihr Text lautet:

„Und dies ist das Werk des sehr frommen Kaisers Flavius Justinianus, welches er mit Eifer unter der Sorgfalt und Hingabe des sehr heiligen Constantinus, Priester und Hegumen, im dreizehnten (Jahre der) Indiktion ausgeführt hat.“[5]

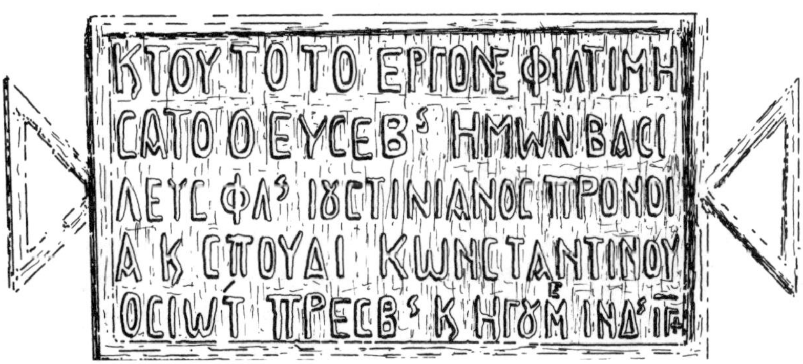

Abb. 9.6
Griechische Inschrift in den Gewölben nahe der Neakirche.

5 Mit „Indiktion“ wird ein bestimmter Regierungsabschnitt von fünfzehn Jahren bezeichnet. Die Regierung des Justinian umfaßte drei dieser Abschnitte. Bei der hier genannten „Indiktion“ handelt es sich wahrscheinlich um die Periode von 549/550–562/563 n. Chr.

Mit „dem Werk", welches in der Inschrift genannt wird, ist wahrscheinlich sowohl die Neakirche wie auch das Kloster mit dem „sehr heiligen Constantinus" als Abt gemeint, welches über den Zisternen errichtet worden war.

Was in nachbyzantinischer Zeit mit der Nea geschah, ist nicht bekannt; hierüber finden sich keinerlei schriftliche Angaben. Jedoch ist klar, daß die Kirche großenteils zerstört wurde, sei es durch ein Erdbeben oder andere Umstände. Steine und Ornamente der zerstörten byzantinischen Kirchen wurden oft für die Bauwerke der neuen arabischen Herrscher wiederverwendet – als Füllmaterial oder auch zur Verschönerung. Ein auffälliges Beispiel ist ein umgekehrt eingefügter Stein in einem Omajjadenpalast an der südlichen Umfassungsmauer des Tempelplatzes, auf welchem ein Ring, durch eine Hand unter einem Blumenmotiv festgehalten, zu sehen ist, in dem sich die griechischen Buchstaben *Alpha* und *Omega* befinden (Abb. 9.7). Die Archäologen vermuten, daß dieser Stein aus der Neakirche stammt.

Das byzantinische Zeitalter war für Jerusalem eine Zeit von Wohlstand, Wachstum und Blüte, in dem viel gebaut wurde und die Stadt an Größe zunahm, was auch aus den Ausgrabungen ersichtlich wird. Das Ende dieses christlichen Zeitalters kam mit dem Jahre 638, als die Stadt sich dem islamischen Kalifen Omar ergeben mußte. Damals sank Jerusalem wieder auf den Rang einer Provinzstadt herab.

Abb. 9.7
Zeichnung eines Steinsturzes aus einer Kirche (der Nea?), umgekehrt eingebaut in einen Palast aus der Omajjadenzeit.

10. Die Mauern Jerusalems

Die Mauern rund um die Altstadt können den Betrachter immer wieder beeindrucken. Ob man nun aus nördlicher Richtung zum geschäftigen, mit einem schönen Zinnenkranz verzierten Damaskus-Tor blickt, ob man vom Skopus oder Ölberg zur Ostmauer mit dem zugemauerten Goldenen Tor schaut oder ob man entlang der imposanten Süd- und Westseite vorbei an der Zitadelle zum Jaffa-Tor hin geht: Immer wieder faszinieren die glänzenden Steine dieses jahrhundertealten Bauwerkes. Schon durch Jahrhunderte werden Dichter und Maler davon inspiriert.

Die Mauern, wie man sie heute sieht, sind großenteils das Werk des türkischen Sultans Suleiman II. „des Prächtigen“, der die Stadtmauern auf den alten Fundamenten zwischen 1539 und 1542 wiederherstellte. Wer aufmerksam entlang der Mauern läuft, sieht an verschiedenen Stellen noch die Spuren der Zerstörung, des Wiederaufbaues und der Verstärkung.

Die Zahl der Publikationen über die Mauern der Stadt und über den Tempel ist unübersehbar. In verschiedenen Büchern der Bibel und in den Werken des Flavius Josephus finden sich Beschreibungen, die für die Kenntnis der Größe der Stadt und den Verlauf der Mauern in früheren Zeiten wichtig sind. Noch immer werden viele historische Stadtkarten aufgrund des Materials aus diesen Schriftquellen entworfen.

Einen wichtigen Teil des Wissens über die alte Stadt erhielt man durch Ausgrabungen; seit dem 19. Jh. versuchen Archäologen, die unter der Erde verborgenen Mauerreste freizulegen. Große Zerstörungen wie die im Jahre 587 v. Chr. durch die Babylonier oder die von 70 n. Chr. durch die Römer hinterließen ihre Spuren, aber nicht aus allen Zeitabschnitten sind die Überreste sichtbar. Darüberhinaus ist man auf recht dürftige und nicht immer gut interpretierbare Angaben von Ausgrabungen angewiesen, die oft auf relativ kleinen Flächen vorgenommen werden mußten. Auch ist zu berücksichtigen, daß viel Material durch die ständigen Baumaßnahmen im Laufe der Jahrhunderte einfach verschwand.

Die Interpretationen sowohl der archäologischen Funde wie auch der historischen Quellen sind meist nicht eindeutig. Man kann zur zeitlichen Bestimmung der Mauern oder derer Bestandteile unterschiedlicher Meinung sein, aber auch was die Übereinstimmung zwischen den historischen Angaben und der archäologischen Wirklichkeit betrifft. Beispiele einer solchen Diskussion sieht man bei den Kontroversen über den eisenzeitlichen

Verlauf der Mauer und im Blick auf die Ausgrabungen hinsichtlich der Zweiten und Dritten Mauer im Norden während des 1. Jhs. n. Chr. Vor allem nach den gründlichen Grabungen von Kathleen Kenyon in den 60er Jahren, 1968 durch israelische Archäologen fortgeführt, ist diese Diskussion wieder in voller Härte entbrannt. Im Rahmen dieses Buches können wir nur jeweils die verschiedenen zugrundeliegenden Vorstellungen kurz darstellen.

In diesem Kapitel wird anhand von Ausgrabungsangaben die Größe der Stadt in den verschiedenen Zeitabschnitten geschätzt. In der Kartenlegende werden dann die verschiedenen Funde der betreffenden Perioden registriert. Der Text gibt eine Erklärung zu den abgebildeten Mauern und Gebäuden. Für jede im Buch behandelte Zeitepoche Jerusalems wurde eine eigene Karte angefertigt.

Auf vergleichbaren Übersichten Jerusalems wird meist versucht, die Situation in einer bestimmten Zeit anhand von sowohl schriftlichen, als auch archäologischen Funden zu rekonstruieren. In den Skizzen dieses Kapitels geht es jedoch ausschließlich um die Ausgrabungsergebnisse und die Rekonstruktionen, die sich hieraus ergeben.

Die Karten haben Skizzencharakter, weil die Aufzeichnungen der Archäologen zu ihren Ausgrabungen oft nicht einfach interpretierbar sind. Auch stößt man bei Vergleichen von Ausgrabungen am selben Ort immer wieder auf Unklarheiten. Die Zeichnungen in Publikationen beruhen oftmals auf veraltetem kartographischen Material. Um den Standort der verschiedenen Ausgrabungen genau bestimmen zu können, müßte man eine groß angelegte, äußerst detaillierte Karte anfertigen. Die hier gezeigten Übersichten beruhen auf Angaben zu Ausgrabungen, die in den vorhergehenden Kapiteln besprochen wurden.

Karte 1: Die Topographie

Viele Jahrhunderte lang war der Umfang der Stadt Jerusalem auf zwei Hügel beschränkt: den südöstlichen Hügelrücken (ca. 650 m hoch), auch „Davidsstadt“ genannt, der nach Norden hin zum Tempelberg aufsteigt (743 m), und einen etwas höheren und auch größeren Hügel westlich dieses Gebietes (763 m). Der westliche Hügelrücken wurde in herodianischer Zeit die Oberstadt genannt.

An zwei Seiten ist die Stadt durch tiefe Täler geschützt: Das Kidrontal im Osten und das Hinnomtal im Süden, welches sich westlich entlang des Berges Zion fortsetzt. An der Nordseite gibt es keine deutliche Abgren-

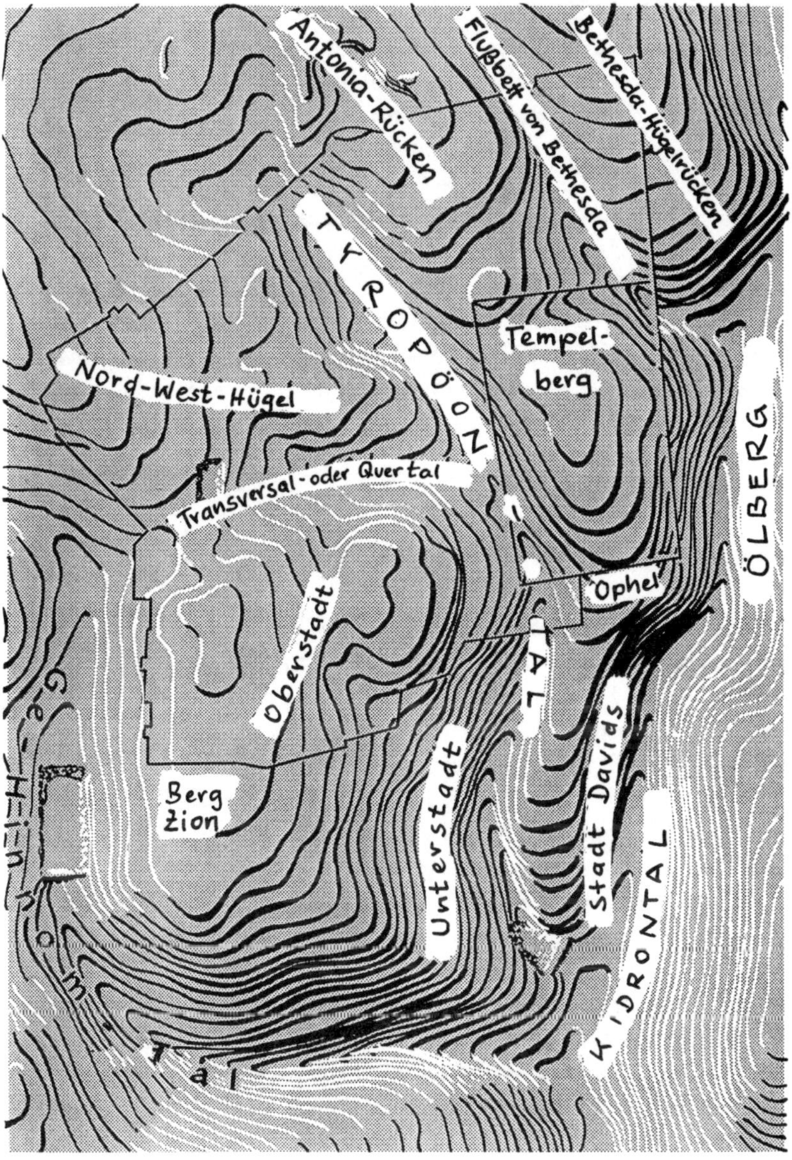

zung; der Hügel geht dort in ein leicht abschüssiges Gelände über. Dadurch war die Nordseite in der Sicherung Jerusalems immer eine Schwachstelle.

Zwischen dem westlichen und östlichen Hügelrücken liegt ein drittes Tal, das Tyropöon- oder Käsemachertal, welches heute weniger tief eingeschnitten ist als in früheren Zeiten. Bei den verschiedenen Zerstörungen Jerusalems wurde dieses Tal teilweise mit Schutt gefüllt.

Auf der Karte sind darüberhinaus andere bekannte Hügelspitzen wie der Ölberg östlich des Kidrontales (805 m) und der Zionsberg im Westen zu sehen.

Im Kidrontal befindet sich die Gihon-Quelle. Der südöstliche Hügelrücken war deswegen für die ersten Bewohner Jerusalems der ideale Wohnort trotz des Umstandes, daß der Hügel niedriger lag als die ihn umgebenden Höhenrücken. Auch das Kidrontal ist im Laufe der Jahrhunderte durch Schuttablagerungen um viele Meter aufgeschüttet worden. Vorher strömte das Wasser noch frei aus der Quelle ins Tal. Gegenwärtig liegt die Quelle unter der Erdoberfläche. Man kann sie nur über eine von einem Haus hinabführende Treppe erreichen.

Karte 2: Die Bronzezeit

Aus der Frühen Bronzezeit (3100–2300 v. Chr.) wurden einige Häuser, aber keine Reste von Stadtmauern gefunden. Die älteste Stadtmauer stammt aus der Mittleren Bronzezeit (ca. 1800 v. Chr.). Von dieser wurden durch Kenyon (1) und Shiloh (2) am Osthang des Südosthügels einige Teilstücke freigelegt. Die Nordostecke dieser Mauer wurde in der Nähe der Gihon-Quelle gefunden (1). Die Stadtmauer lag auf dem Hang, um die Quelle so gut wie möglich zu schützen. Die Stadt war damals ± 4,4 ha groß.

Von der Stadt aus der Späten Bronzezeit (1600–1200 v. Chr.) ist so gut wie nichts bekannt. Die ältesten Mauerfunde stammen aus der Übergangsperiode zur Frühen Eisenzeit (ca. 1200 v. Chr.). Bei den Ausgrabungen hinsichtlich dieser Zeit durch Kenyon und Shiloh fand man ein System von mit Steinen und Erde aufgefüllten Terrassen, welches einer Festungsanlage als Untergrund gedient haben könnte. Diese befand sich nahe der Spitze des Hügelrückens über der Gihon-Quelle. Die dazugehörige Niederlassung könnte auch etwas höher auf dem Hügelrücken, südlich der Festung, gelegen haben, aber hiervon sind durch spätere Baumaßnahmen und durch die Verwendung dieses Bereiches als Steinbruch keine weiteren Spuren gefunden worden.

Wahrscheinlich wurde auch in dieser Periode der unterirdische Tunnel zur Quelle angelegt, der Warren-Schacht (4). Dessen zeitliche Bestimmung ist jedoch umstritten.

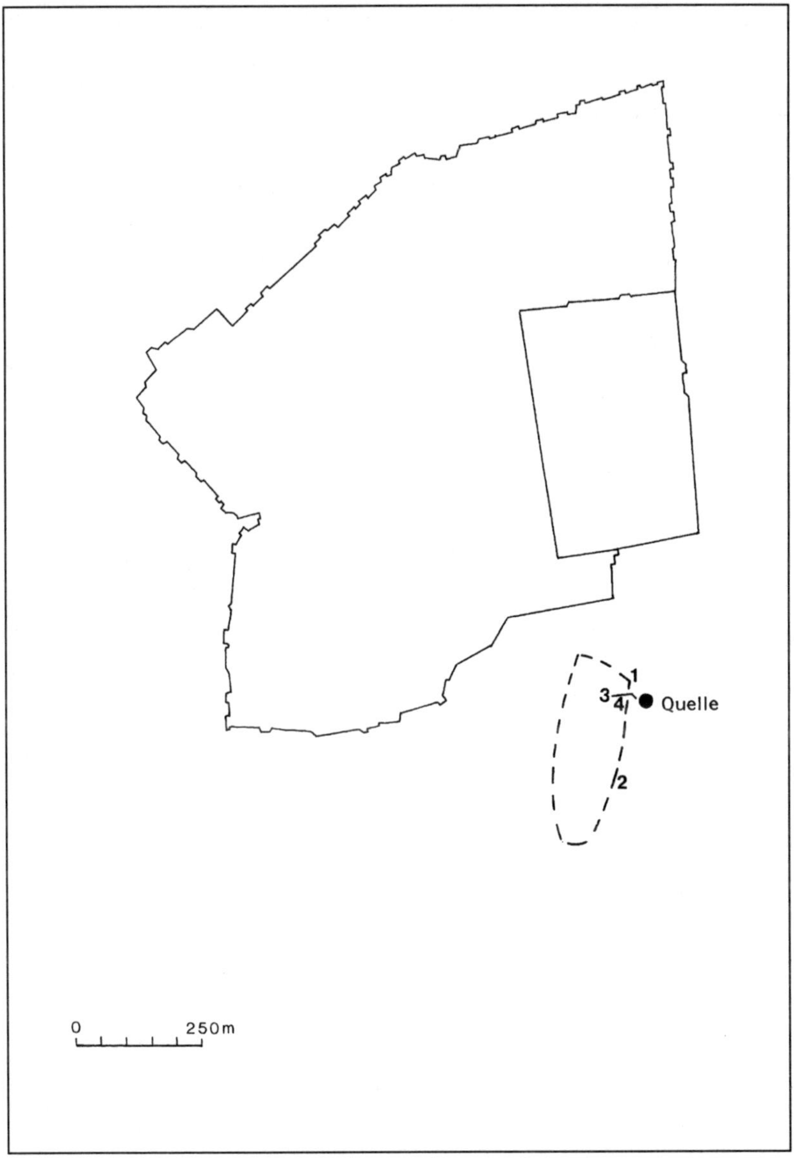

Karte 2: Die Bronzezeit
1. Stadtmauer aus der Mittleren Bronzezeit
2. Stadtmauer aus der Mittleren Bronzezeit
3. Terrassensystem aus der Späten Bronzezeit
4. Warren-Schacht

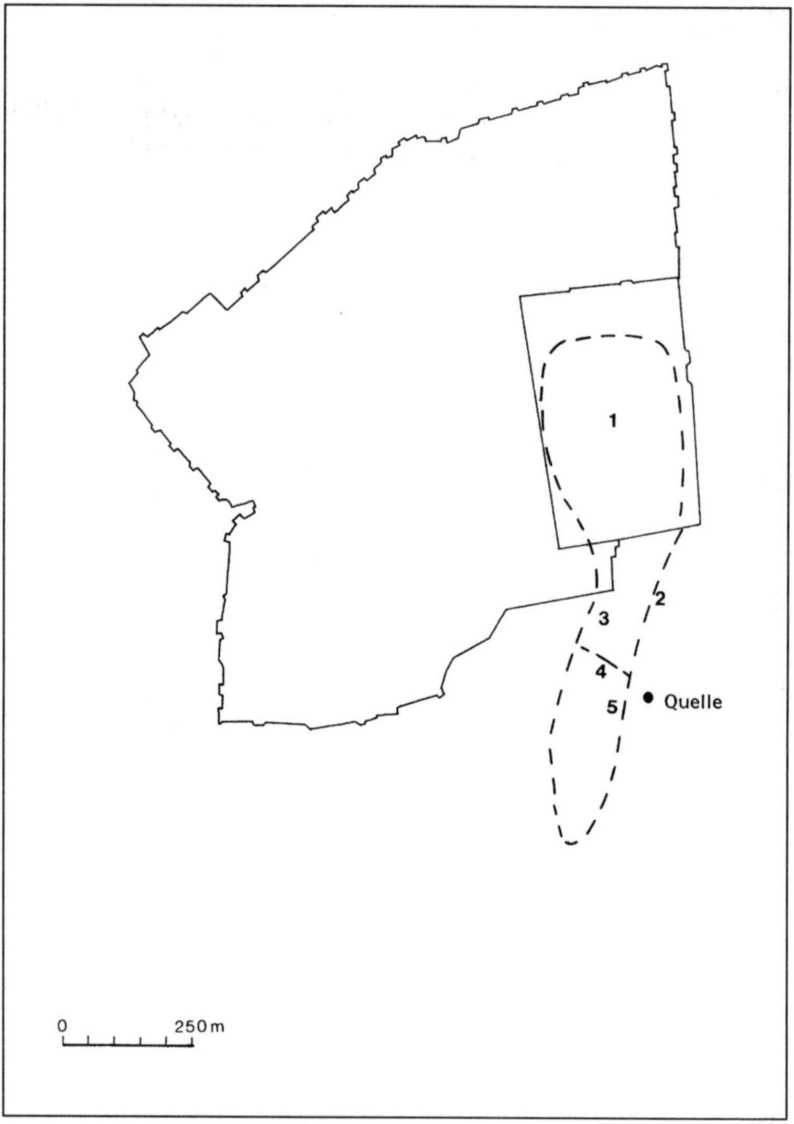

Karte 3: 10. Jahrhundert v. Chr.
1. Tempelterrasse
2. Rekonstruktion der Stadtmauern
3. Stadtteil Ofel
4. Stadtmauer
5. Treppenartiges Bauwerk

Karte 3: Das 10. Jahrhundert v. Chr.

Nach 1. Könige 6–9 begann Salomo ungefähr im Jahre 950 v. Chr. mit einem großen Bauprogramm für Jerusalem. Er baute auf der Hügelspitze nördlich der damaligen Stadt einen Tempel (1) und verband die Tempelterrasse mit Hilfe von Stadtmauern mit der Stadt (2). Diese neuen Mauern umschlossen einen Stadtteil mit Palästen und Regierungsgebäuden, den Ofel (3).

Von diesen Baumaßnahmen wurde bei Ausgrabungen nur wenig gefunden. Die Tempelterrasse verschwand unter der großen Plattform, die Herodes der Große zur Fundierung seines Tempels anlegen ließ (s. Karte 7). Die Abmessung der salomonischen Terrasse ist ebenso wie die genaue Lage des Tempels nicht bekannt[1]. Die hier gezeichneten Konturen basieren auf den Vorstellungen von N. Avigad.

Nach 2. Samuel 5,9 und 1. Könige 9,15 haben David und Salomo um die Stadt herum Mauern bauen lassen. Nur in Kenyons Ausgrabungen wurde der Teil einer Stadtmauer entdeckt, der eventuell aus dem 10. Jh. v. Chr. stammen könnte (4), darüberhinaus wurden aus dieser Zeit nirgendwo Stadtmauern gefunden. Der Grund hierfür könnte darin liegen, daß die Spitze des Südosthügels in der späteren herodianischen und römischen Periode als Steinbruch diente.

Sowohl bei den Baumaßnahmen Davids, als auch bei denen Salomos wird von einem „Millo“ berichtet. Die Ansichten, was hiermit gemeint sein könnte, gehen stark auseinander. Das hebräische Wort legt nahe, daß es um eine „Auffüllung“ geht. Eine Möglichkeit besteht darin, daß es sich hier um die Zitadelle handelt, von der das Fundament durch Macalister, Kenyon und Shiloh in ihren Ausgrabungsflächen oberhalb der Gihon-Quelle wiederentdeckt wurde. Dieser Unterbau besteht aus einem großen treppenartigen Bauwerk, welches über das bereits erwähnte Terrassensystem am Ende der Späten Bronzezeit hinweg gebaut worden ist.

Karte 4: Das 8.–6. Jahrhundert v. Chr.

Gegen Ende des 8. Jhs. v. Chr. breitete sich die Stadt stark aus. Obwohl in Jerusalem bereits mehr als hundert Jahre nach Stadtmauern aus der Zeit der Könige Judäas gesucht worden ist, gibt es nur enttäuschend wenige Überreste.

---

1 Doch vgl. Nachtrag S. 161 [Anm. des Hrsg.].

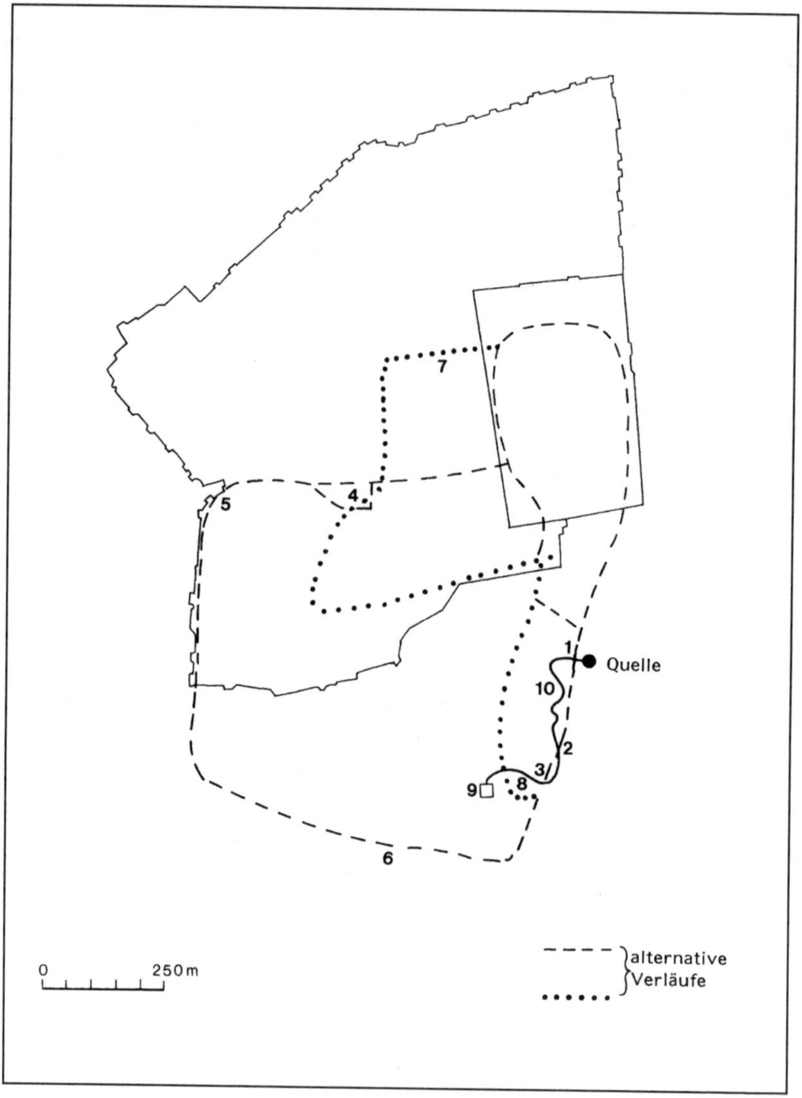

Karte 4: 8. und 7. Jahrhundert v. Chr.

1. Stadtmauer
2. Stadtmauer
3. Befestigungsanlage
4. Stadtmauer und Turm
5. Verlauf der Stadtmauer nach Avigad
6. dasselbe
7. Verlauf der Stadtmauer nach Kenyon
8. dasselbe
9. Siloah-Teich
10. Siloah-Tunnel

Auf dem Osthang des Südosthügels sind bei den Ausgrabungen Kenyons (1) und Shilohs (2) Teile einer Stadtmauer gefunden worden. Auch Weill hat zu Beginn dieses Jahrhunderts Verteidigungsanlagen aus der Späten Eisenzeit freigelegt (3). Avigad hat auf dem Westhügel eine 7 m dicke Stadtmauer und einen Turm entdeckt (4). Dies sind die einzigen Mauerreste, die mit Sicherheit dieser Periode zuzuschreiben sind.[2]

Ein Großteil für eine Stadtkarte dieser Zeit muß jedoch anhand unzusammenhängender Funde (oder anhand von deren Ausbleiben) sowie anhand literarischer Angaben rekonstruiert werden. So ist denn nicht verwunderlich, daß es verschiedene Vorstellungen zum Verlauf der Stadtmauern gibt. Auf dieser Karte finden wir zwei alternative Verläufe. Die unterbrochene Linie stellt das größere Jerusalem dar. Die Stadtmauer wäre nach Westen hin bis über die Hügelspitze (5) und ganz südlich um den Siloah-Teich herum (6) verlaufen. Hierbei geht man davon aus, daß dieser Teich innerhalb der Stadtmauern gelegen haben muß, weil sonst Feinde die Wasserzufuhr leicht hätten abschneiden können. Eine bescheidenere Größe Jerusalems hatte Kathleen Kenyon angenommen (die punktierte Linie): Die Stadtmauer hätte weiter nördlich gelegen (7), und der Siloah-Teich wäre nicht eingeschlossen gewesen (8). Sie ging davon aus, daß die Stadt aus zwei voneinander getrennt liegenden Stadtteilen bestanden haben müsse.

Der Siloah-Teich (9) ist das Auffangbecken am Ende des Siloah-Tunnels (10). Dieser 535 m lange Tunnel wird König Hiskia zugeschrieben, der ihn aushauen ließ, um so das Quellwasser in das Stadtinnere zu bekommen und die Wasserzufuhr zu sichern.

An verschiedenen Stellen rund um die Stadt wurden Grabstätten aus der Späteren Eisenzeit gefunden.

Karte 5: Die persische Zeit (539–333 v. Chr.) und die früh-hellenistische Periode (333–165 v. Chr.)

Aus der persischen Zeit gibt es nur wenig Spuren. In Esra 5,1 wird vom Wiederaufbau des Tempels unter Serubbabel berichtet (um 520 v. Chr.). Er hat wahrscheinlich zu diesem Zweck den Tempelplatz des Salomo wiederhergestellt und hier ein bescheideneres Tempelgebäude errichtet (1). Dieser Bau ist jedoch gänzlich unter dem größeren Bau durch Herodes

---

2 Doch vgl. Nachtrag, S. 157–159 [Anm. des Hrsg.].

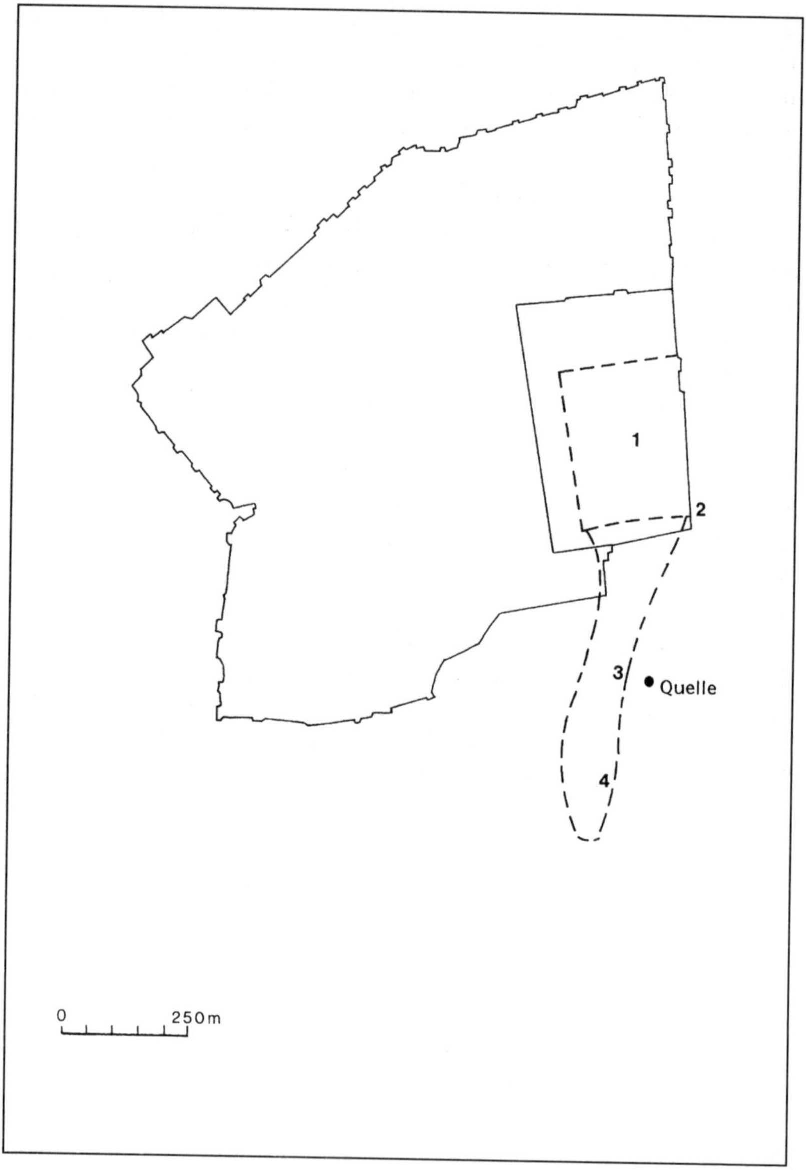

Karte 5: Persische und früh-hellenistische Zeit
1. Tempelplatz
2. Die „Naht" (Seam)
3. Stadtmauer aus persischer Zeit
4. Stadtmauer aus früh-hellenistischer Zeit

den Großen (37–4 v. Chr.) verschwunden. Die Ostmauer der Tempelterrasse von Serubbabel wird wahrscheinlich zu einem Teil entlang der heutigen Ostmauer verlaufen sein. Einen Abschnitt im Süden dieser Mauer – ausgehend von der sog. „Naht“ – meinen manche als persischen Baustil einordnen zu können (2).

Nach der Rückkehr aus der Gefangenschaft wurden unter der Führung Nehemias die Stadtmauern im Jahre 445 v. Chr. wiederaufgebaut (Neh 1,1–4). Kenyon hat einen kleinen Abschnitt dieser Mauern wiederentdeckt (3). Ausgrabungsreste aus dieser Zeit sind lediglich auf dem Südosthügel angetroffen worden. Die Stadt hätte sich demnach auf diesen Hügelrücken beschränkt.

Im Jahre 333 v. Chr. eroberte Alexander der Große das Persische Reich. Seine Eroberungen erstreckten sich bis auf das Gebiet Israels. In der früh-hellenistischen Periode (333–165 v. Chr.) sind die Größe Jerusalems und der Mauerverlauf mit der persischen Zeit nahezu identisch geblieben. Funde wurden vornehmlich bei den Ausgrabungen von Shiloh auf dem Südwesthügel gemacht. Dort lag das Stadtzentrum mit dem Tempelberg und dem Tempel Serubbabels als Nordgrenze. Nach 175 v. Chr. ließ Antiochius IV. Epiphanes die „Akra“ bauen (s. 6. Kapitel). Nach einer der Theorien zu deren Standort war ein Teil der heutigen Ostmauer der Tempelterrasse hellenistisch und gehört zur Akra (2). Nach Ansicht anderer stammt dieser Abschnitt der Mauer aus persischer Zeit (s.o.). Auf dem Westhügel machte man keine Entdeckungen aus früh-hellenistischer Zeit.

Karte 6: Die spät-hellenistische Zeit (164–63 v. Chr.), die Zeit der Makkabäer und Hasmonäer

Nach dem Aufstand der Makkabäer, die im Jahre 164 v. Chr. Jerusalem zurückeroberten, nahm die Bautätigkeit stark zu. Auf dem Südosthügel wurden Teile einer Stadtmauer aus dieser Zeit, der sogenannten Ersten Mauer, durch Macalister, Kenyon und Shiloh freigelegt (1). Hierzu gehörte ein zunächst von Macalister entdeckter, großer Verteidigungsturm; Kenyon datierte diesen später als zur hasmonäischen Zeit gehörend. Weiter südlich wurden Teile dieser Stadtmauer entlang der Hügelspitze gefunden (2 und 3).

In der Zeit der Makkabäer wurde auch der Westhügel wieder ummauert. Bei seinen Ausgrabungen in der Zitadelle fand Johns Teile

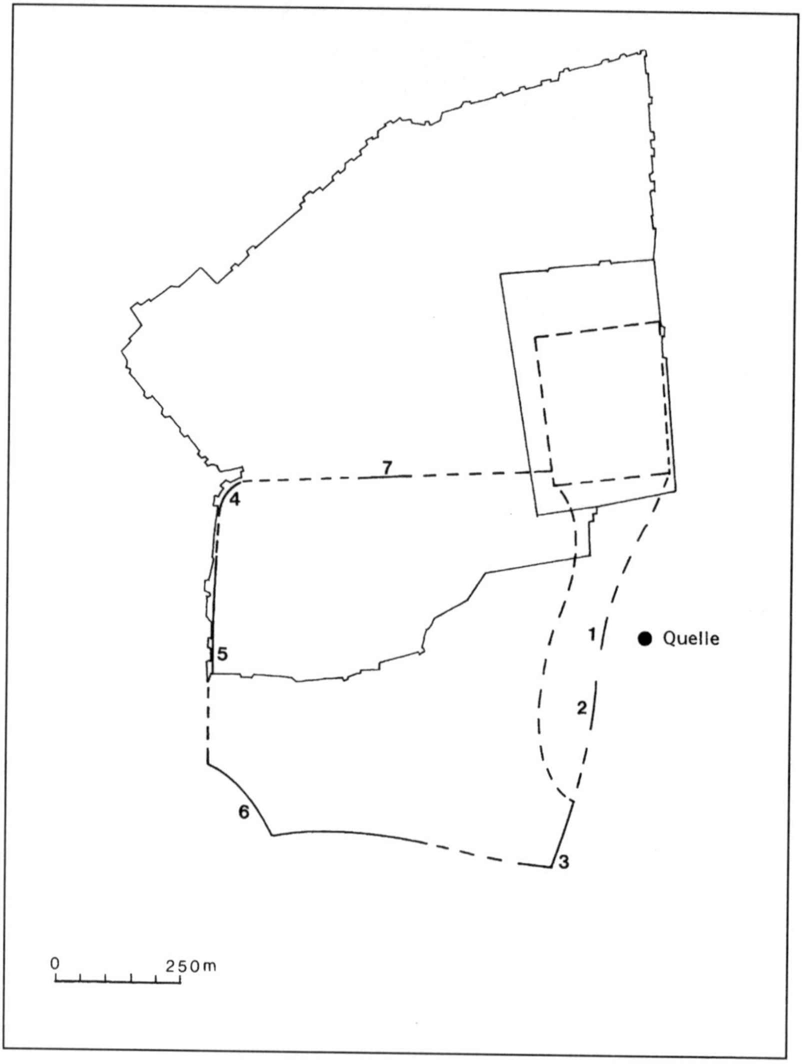

Karte 6: Spät-hellenistische Zeit u. Zeit der Makkabäer

1. Stadtmauer, Ausgrabungen Macalister, Kenyon und Shiloh

2. Stadtmauer, Ausgrabungen Weill und Shiloh

3. Stadtmauer, Ausgrabungen Bliss und Dickie

4. Stadtmauer, Ausgrabungen in der Zitadelle (Johns)

5. Stadtmauer, Ausgrabungen Broshi

6. Stadtmauer, Ausgrabungen Bliss und Dickie, Pixner – Chen – Margalit

7. Stadtmauer, Ausgrabungen Avigad

Abb. 10.1
Mauer aus hellenistischer Zeit, in den sogenannten „Headers and stretchers"-Muster, gezeichnet von Bliss und Dickie.

der Ersten Mauer (4). Weiter südlich erkennt man auch in der heutigen westlichen Stadtmauer (5 und 6) Teile mit makkabäischem Baustil (Abb. 10.1). Avigad schließlich entdeckte bei seinen Ausgrabungen in der Altstadt eine makkabäische Mauer. Somit ist jetzt auch ein Teil des Nordverlaufs dieser Ersten Mauer bekannt, so daß man sich ein zuverlässiges Bild von der Stadt machen kann, als die Römer im Jahre 63 v. Chr. eintrafen.

Karte 7: Die Herodianische Periode (37 v. Chr.–70 n. Chr.)

Als die Römer 63 v. Chr. das Land in Besitz nahmen und Herodes den Großen 37 v. Chr. als König einsetzten, war dies der Anfang großer Veränderungen. Herodes ließ die Tempelplattform zu einem Rechteck ausweiten, das noch heute existiert (1). Das Ganze wurde durch gewaltige Mauern abgestützt. Eine Brücke, Treppensysteme (2), breite Plätze (3) und Straßen bildeten den Zugang zum Tempelplatz. Nördlich des Tempelplatzes verstärkte er die Festung Baris und nannte sie Burg Antonia (4). Im Westteil der Stadt baute er einen Palast (5), von dem sowohl in der Zitadelle, als auch bei Ausgrabungen südlich derselben Spuren gefunden worden sind. Von den drei Türmen der Zitadelle ist beim nördlichsten noch der herodianische Baustil erkennbar (6).

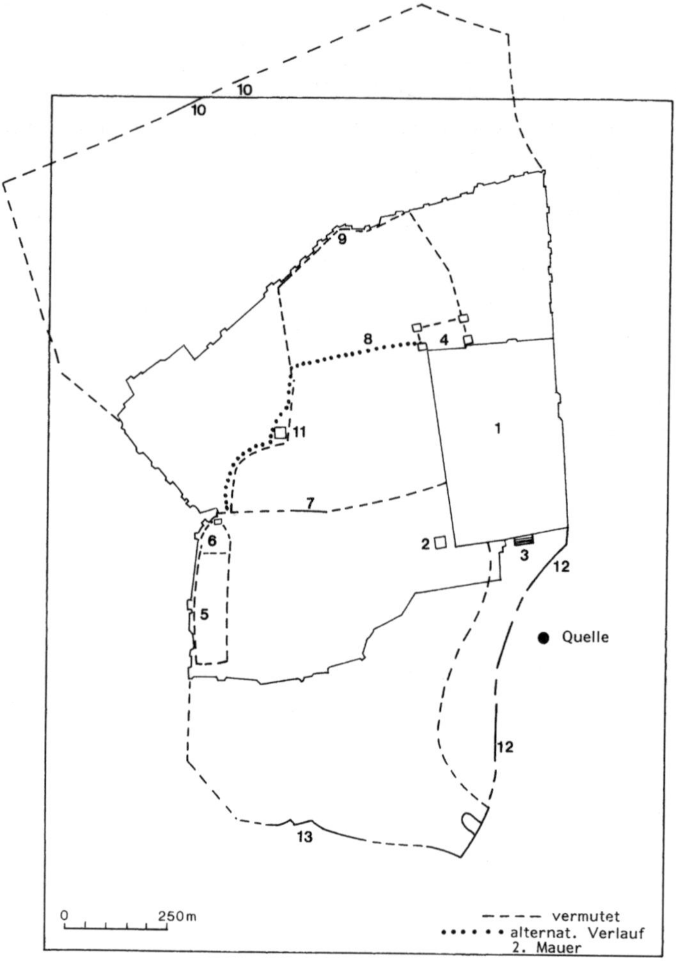

Karte 7: Die Herodianische Zeit

1. *Tempelplatz*
2. *Robinsonbogen*
3. *Treppen bei den Hulda-Toren*
4. *Burg Antonia*
5. *Palast des Herodes*
6. *Phasael-Turm*
7. *Erste Mauer*
8. *Zweite Mauer nach Vincent, Kenyon*
9. *Zweite Mauer nach Avi-Yonah, Bahat, Dritte Mauer nach Vincent, Kenyon*
10. *Dritte Mauer nach Sukenik/Mayer, Ben-Arieh und Tsaferis*
11. *Ausgrabungen Erlöserkirche*
12. *Ausgrabungen in der Davidstadt*
13. *Ausgrabungen Bliss und Dickie*

Während der Herrschaft des Herodes und seiner Nachfolger wurden die Stadtmauern verstärkt, wobei vor allem die Nordgrenze ständigen Veränderungen unterlag. Es läßt sich hier von drei unterschiedlichen Mauern sprechen. Über den genauen Verlauf dieser drei Mauern im Norden bestehen große Meinungsverschiedenheiten. Auf der Karte sehen wir die zwei wichtigsten Theorien zu diesem Thema. Zur Ersten Mauer gibt es kaum Kontroversen. Von dieser aus hellenistischer Zeit stammenden Mauer gibt es deutliche Hinweise. Nördlich lag die Zweite Mauer. Der Verlauf, den L.H. Vincent und K.M. Kenyon hierzu angaben (8), ist mehr südlich als bei der Alternative, die u. a. von M. Avi-Yonah und D. Bahat vorgezogen wird. Letztere geben als Nordgrenze einen Teil der heutigen Mauer beim Damaskus-Tor an (9).

E.L. Sukenik und L.A. Mayer (1925–1927), S. Ben-Arieh (1972) und später V. Tsaferis und andere (1990) fanden bei Ausgrabungen einige hundert Meter nördlich der heutigen Stadtmauern die Überreste einer Mauer. Sie sind davon überzeugt, daß dies die Dritte Mauer sein muß (10). Kenyon und andere nannten davor den Verlauf der heutigen Stadtmauer als Grenze (9); dort wurden Reste einer Mauer aus dem 1. Jh. gefunden, welche ihrer Theorie entsprechend nicht Bestandteile der Zweiten Mauer sein können und demnach zur Dritten Mauer gehören müßten.

Zum gegenwärtigen Zeitpunkt kann man für keine der beiden Theorien genügend Beweise vorbringen.[3] Bei den Ausgrabungen von Ute Lux in der Erlöserkirche wurden keine Spuren einer Stadtmauer angetroffen (11). Die östliche Stadtmauer wurde über eine Länge von 470 m durch die Ostmauer des Tempelplatzes gebildet. Im weiteren Verlauf nach Süden hin war die Mauer nahezu deckungsgleich mit der aus hellenistischer Zeit. Reste derselben sind bei Ausgrabungen von Y. Shiloh, K.M. Kenyon, F.J. Bliss und A.C. Dickie sowie von R. Weill (12) freigelegt worden, auch südlich des Siloah-Teichs. Im Süden biegt die Mauer westwärts und folgt dem für die Erste Mauer angenommenen Verlauf (13).

Karte 8: Aelia Capitolina – Jerusalem in römischer Zeit (70–324 n. Chr.)

Die Angaben zu Baumaßnahmen in der Stadt nach dem Fall und der Zerstörung Jerusalems im Jahre 70 sind dürftig. Die Zehnte Legion war im Südwesten des Westhügels stationiert. Es gibt Hinweise darauf, daß die

3 Vgl. aber den „Nachtrag: Ausgrabungen 1989–1996“ (S. 157–160) [Anm. des Hrsg.].

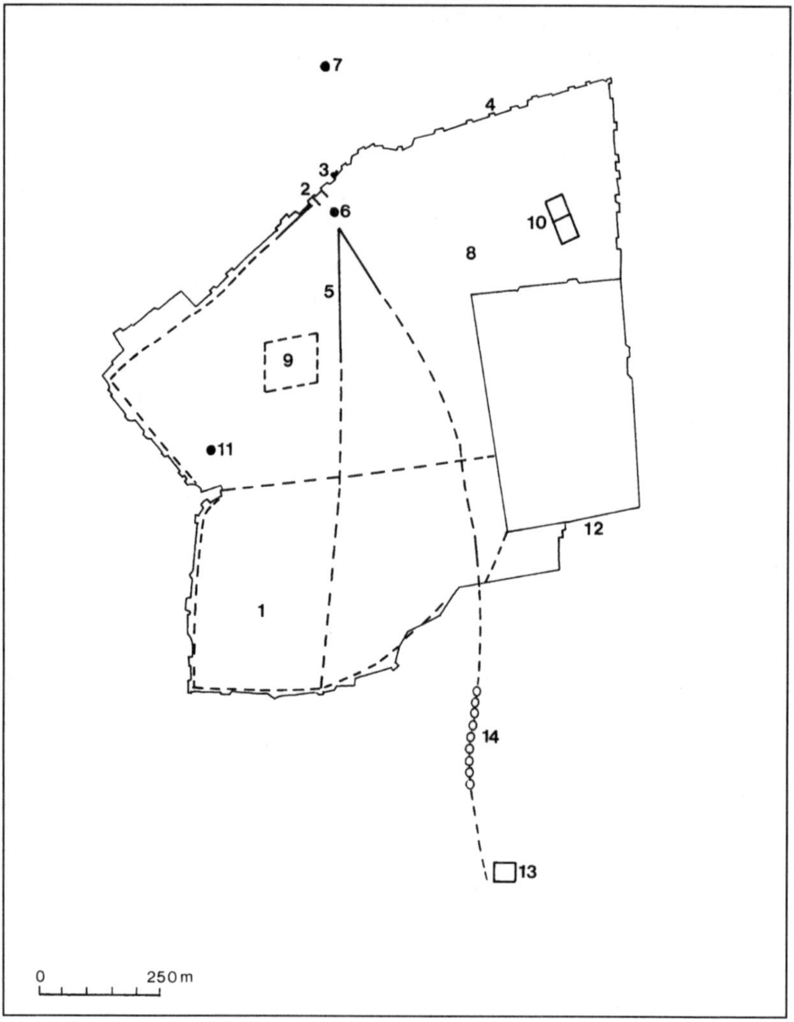

Karte 8: Aelia Capitolina

1. Lager der Zehnten Legion
2. Römisches Tor
3. Römische Inschrift
4. Römische Stadtmauer
5. Beginn des Cardo
6. (Römische?) Säule
7. Triumphbogen und Inschrift
8. Ecce-Homo-Bogen
9. Römisches Forum
10. Bethesda-Teiche – Tempel (des Äskulap?)
11. Römische Inschrift
12. Römische Inschrift beim Tempelberg
13. Säulengalerie bei Siloah
14. Treppenstraße

Römer Teile der herodianischen Mauern zum Schutz dieses Lagers verwendeten (1). Im Blick auf die Regierungszeit Kaiser Hadrians läßt sich von einer Neueinteilung der Stadt sprechen, von der nur hier und dort etwas gefunden wurde.

Bei Ausgrabungen am Damaskus-Tor wurde ein Teil eines aus drei Bögen bestehenden, römischen Stadttores entdeckt (2); östlich davon eine römische Inschrift mit dem Namen Aelia Capitolina (3). Noch weiter östlich wurde ein Teil der römischen Stadtmauer mit einer Inschrift gefunden (4). Das römische Tor beim Damaskus-Tor verschaffte Zugang zum Cardo (5), einer wichtigen Straße, von welcher ein kleiner Teil freigelegt wurde. Ob die Säule (6), die man immer wieder auf Grundrissen abgebildet sieht, wirklich aus römischer Zeit stammt oder aber byzantinischer Herkunft ist, läßt sich nicht mit Bestimmtheit sagen, da man von ihr keine Spuren fand. Auch 350 m nördlich vom Damaskus-Tor wurde ebenso ein dreifacher Bogen mit einer Widmung an Hadrian entdeckt. Bei der Via Dolorosa nördlich des Tempelgebietes ist ein Bogen zu sehen, der sogenannte Ecce-Homo-Bogen (8). In dessen unmittelbarer Nähe gibt es eine aus römischer Zeit stammende Pflasterung. Im Keller des Russischen Hospizes, an die Südostecke der Grabeskirche angrenzend, wurden Überreste des römischen West-Forums entdeckt: Fundamente, der Pfeiler eines Triumphbogens und vielleicht ein Teil des Bodens aus dem Aphrodite-Tempel (9). Am Osttor und nahe der Kirche der Heiligen Anna wurden Teiche und Spuren eines Heiligtums entdeckt (10).[4]

Auf einer Säule in der Nähe der Zitadelle, die als Laternenpfahl Verwendung fand, ist eine römische Inschrift zu sehen (11); beim Tempelberg fand man einen Stein mit dem Namen Septimus Severus aus der Zeit gegen Ende des 2. Jhs. (12).

Die Davidsstadt war in römischer Zeit verlassen; der Hügel fand als Steinbruch Verwendung. Nur beim Siloah-Teich befand sich eine Säulenhalle, wahrscheinlich ein Quell-Heiligtum (Nymphäum) (13), welches über eine Straße mit Stufen von der Stadt her erreichbar war (14).

Karte 9: Die byzantinische Zeit (324–638 n. Chr.)

In diesem Zeitabschnitt wurde in und um die Stadt viel gebaut. Christliche Pilger besuchten die zahlreichen Kirchen und benötigten Unterkünfte. Christliche Kaiser und Kaiserinnen eiferten darum, den Ort, an

4 Zu Bethesda (Joh 5,2) als wichtigem neutestamentlichen Ort vgl. R. Riesner, in: H. Burkhardt u.a., *Das Große Bibellexikon, Bd. I*, Wuppertal – Gießen ²1990, S. 194–195 [Anm. des Hrsg.].

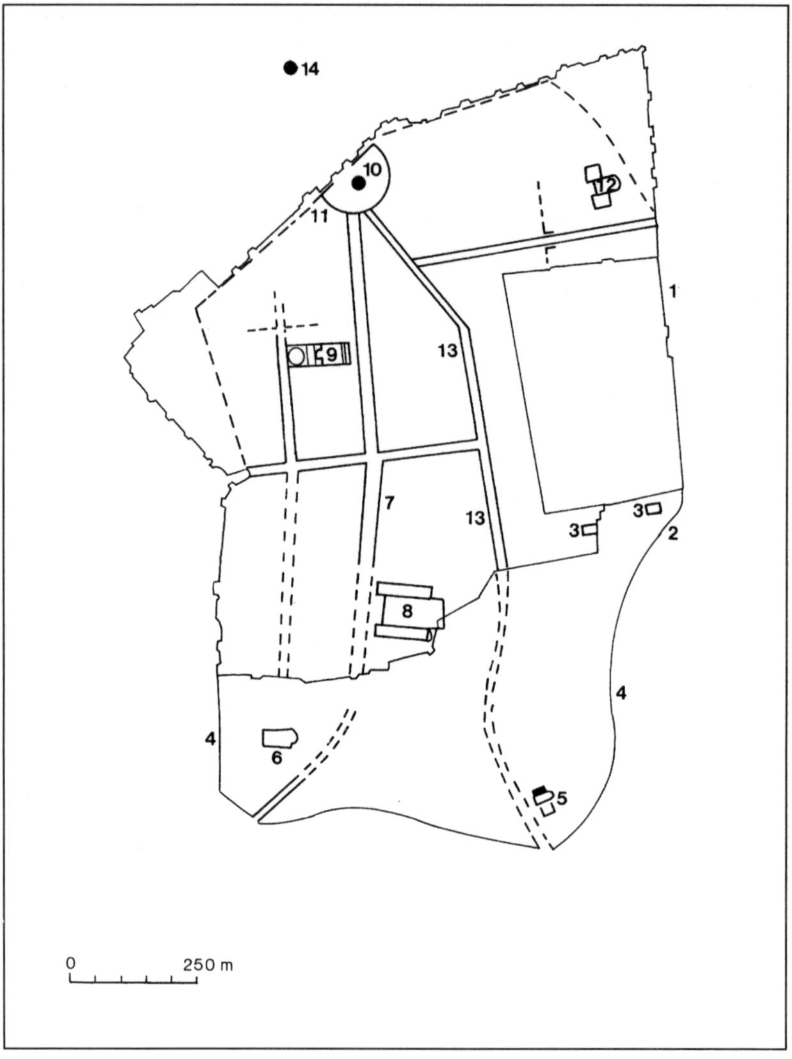

Karte 9: Byzantinische Periode

1. Ostmauer des Tempelberges
2. Spätbyzantinische Mauer
3. Byzantinische Wohnbereiche
4. Mauern der Eudokia
5. Basilika der Eudokia
6. Hagia Sion
7. Cardo Maximus
8. Neakirche (543 n. Chr.)
9. Grabeskirche (335 n. Chr.)
10. Damaskus-Tor, Platz mit Säule
11. Nordmauer
12. Kirche St. Maria in Probatica
13. Cardo Vallensis
14. St. Stephanuskirche

welchem Jesus gestorben und auferstanden war, zu einem würdigen religiösen Zentrum auszugestalten. Außer den noch sichtbaren, inzwischen freigelegten Überresten gibt es Informationsquellen in Form von Reiseberichten von Pilgern aus dieser Zeit und die sehr kostbare Darstellung Jerusalems auf der Madaba-Karte.

Die Ostmauer des Tempelplatzes bildete gleichzeitig die östliche Stadtmauer (1). Ausgehend vom Südostabschluß des Platzes lief eine Mauer (2), welche die byzantinischen Wohnbezirke südlich des Tempelberges (3) umschloß.

Kaiserin Eudokia stellte im 5. Jh. die Mauern rund um den Ofel und den Berg Zion (4) wieder her und verstärkte diese, sowie das gesamte dazwischenliegende Gebiet, zu dem auch der Siloah-Teich gehörte. Dort ließ sie eine Kirche errichten (5). Auf dem Berg Zion entstand die „Hagia Sion“, die „Mutter aller Kirchen“ (6). Nach Norden hin konnte man durch ein Innentor den Cardo Maximus erreichen (7), welcher die östlich gelegene Neakirche (8) mit der nördlich gelegenen Anastasis (9) verband. Über den römischen Cardo erreichte man den Platz mit der Säule am Damaskus-Tor (10). Der Nordverlauf der Mauer war wahrscheinlich identisch mit dem aus römischer Zeit, entlang der heutigen Nordmauer (11) und am Herodes-Tor vorbei zum Nordostabschluß des Tempelplatzes einschwenkend. Beim Osttor lag die Kirche St. Maria in Probatica (12). Dem Tempelplatz nach Süden folgend verlief der *Cardo Vallensis* (13). Außerhalb der Stadt, nördlich vom Damaskus-Tor, befand sich die Stephanus-Kirche (14).

Weitere Angaben zu Größe und Einteilung der Stadt sind in der Zeichnung der Madaba-Karte zu finden (Abb. 9.1).

11. Ein Besuch Jerusalems

Vieles von dem, was im Lauf der Jahre in Jerusalem ausgegraben wurde, läßt sich noch heute finden und besichtigen. Die architektonischen Funde der Ausgrabungen, vor allem der Grabungskampagnen nach 1967, sind im allgemeinen gut konserviert und dokumentiert. Zu einem großen Teil sind sie in „archäologischen Parks“ oder Museen untergebracht. Bezüglich der Funde früherer Grabungen muß man beim Suchen schon größere Mühe aufwenden. Ein guter Reiseführer ist hierbei äußerst wichtig (s. Literaturangaben).

Zur Orientierung gibt es nachfolgend für archäologisch interessierte Leser Jerusalems eine Übersicht zu wichtigen Stätten und Funden. Diese Liste ist sicher nicht vollständig; bei jedem neuen Besuch entdeckt auch der routinierteste Jesusalem-Besucher weitere Details.

Manche Orte, und dies gilt besonders für die abgelegeneren, unterirdischen Bereiche, sind nur in Begleitung zu besichtigen. Es gibt verschiedene Organisationen, die Rundgänge zu den begehrten archäologischen und historischen Sehenswürdigkeiten durchführen.

Viele Funde sind in großen Museen, aber auch in vielen kleineren Museen ausgestellt. Oft werden Exponate in neuen Kollektionen umgruppiert oder an andere Museen verliehen. An verschiedenen Orten gibt es Modelle zu den einzelnen Stadtteilen in den verschiedenen Perioden.

Bei der Planung von Unternehmungen ist man gut beraten, die Ruhe- und Feiertage der verschiedenen Religionen zu berücksichtigen. So sind beispielsweise Freitag nachmittags und am Samstag die meisten Orte unter jüdischer Verwaltung geschlossen – außer dem Israel- und dem Rockefeller-Museum; sonntags sind die christlichen Einrichtungen geschlossen. Angesichts des Charakters der Stadt als heilige Stätte verschiedener Religionen ist eine dezente Kleidung erwünscht und mancherorts – wie beispielsweise in der Umgebung des Tempelplatzes und der Kirchen – unbedingt erforderlich.

Die genauen Öffnungszeiten der Museen und archäologischen Sehenswürdigkeiten sind im Wochenprogramm „This week in Jerusalem“ zu finden, welches bei der Touristen-Information und in den größeren Hotels kostenlos erhältlich ist.

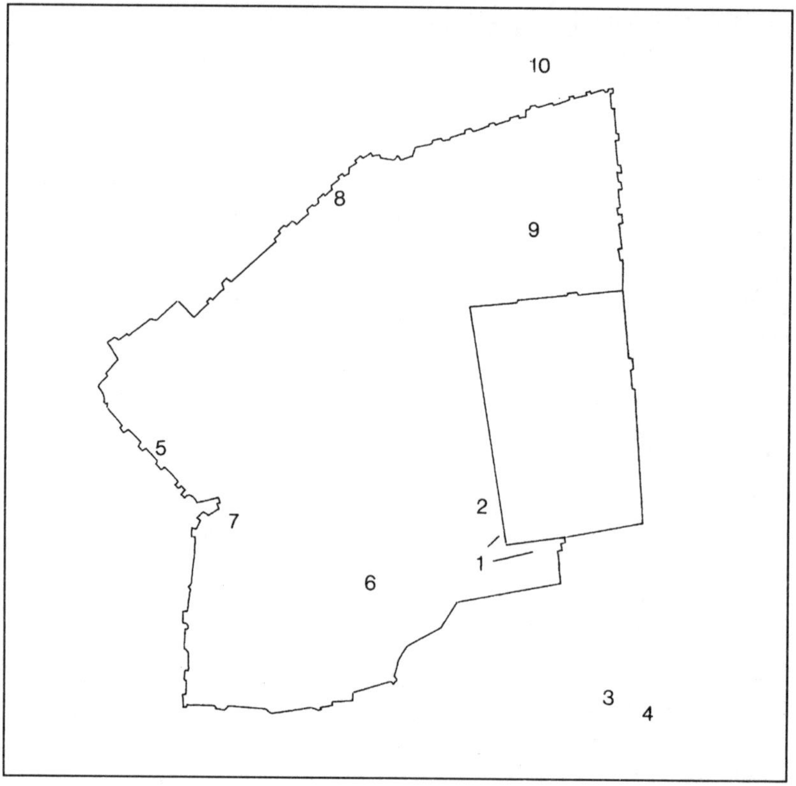

I. Archäologie „in situ"

1) Ausgrabungen entlang des Tempelberges

„The Ophel Archaeological Garden" umfaßt ein großes Gebiet um die westliche und südliche Umfassungsmauer, das Gebiet der Ausgrabungen von B. Mazar und M. Ben-Dov. Der Eingang liegt beim Misttor in der südlichen Stadtmauer. An der Westseite findet man die herodianische Umfassungsmauer mit dem Robinsonbogen, die herodianische Straße mit Geschäften und die Omajjadenpaläste aus dem 8. Jh.; an der Südseite die Hulda-Tore mit dem Treppensystem aus herodianischer Zeit, außerdem Ritualbäder, restaurierte byzantinische Häuser mit Zisternen und weiter südöstlich Mauerreste und Fundamente aus der Eisenzeit. In der östlichen Umfassungsmauer ist ungefähr 30 m vom Südostabschluß entfernt die „Naht" oder „Seam" zu besichtigen.

Diese Ausgrabungen sind täglich geöffnet und kosten Eintritt.

Während der Besichtigung erhält man zur Orientierung eine Übersichtsskizze.

2) „Die Westmauer“

Nördlich des oben beschriebenen Ausgrabungsgebietes befindet sich der herodianische Teil der westlichen Umfassungsmauer, welcher bei Nicht-Juden als „Klagemauer“ bekannt ist. Rechts in der Frauenabteilung sieht man den Obersturz und den eingemauerten Teil des Barclay-Tores; links in der Männerabteilung den Wilsonbogen, Teil einer Verbindungskonstruktion zwischen der Oberstadt und dem Tempelplatz in herodianischer Zeit. Vom Wilson-Bogen läuft entlang der ganzen Westmauer ein Tunnel. Dieser Tunnel ist nur zeitweise geöffnet und kann nur in Begleitung besucht werden. In diesem Tunnel passiert man das zugemauerte Warren-Tor.

3) Die Davidsstadt

Südlich der ummauerten Stadt, unweit des Misttors („Dung Gate“), liegt jenes Gebiet, in dem großangelegte Ausgrabungen Kenyons und Shiloh's durchgeführt wurden. Mit großen, auf den Mauern angebrachten Nummern wird der Besucher über die Fundstücke informiert. Beeindruckend ist die 16,5 x 13 m große Bastion; um einen Eindruck von der Besiedlung zu vermitteln, wurde das „Haus von Ahiël“ aus der Späten Eisenzeit rekonstruiert. Weiter unten auf dem Hang außerhalb der Absperrungen findet man ohne nähere Hinweise die von Kenyon ausgegrabenen Stadtmauern aus der Mittleren Bronzezeit und der Eisenzeit.

Eintritt frei; Absperrungen meist zwischen 9 und 17Uhr geöffnet.

4) Der Warren-Schacht und der Hiskia-Tunnel

Zu erreichen über die Ausgrabungen in der Davidsstadt. Beim Schacht findet man eine Übersicht der Ausgrabungstätigkeiten. Am Fuß des Hügels ist ein Zugang zum Siloah-Tunnel; nach einer Wanderung (durch Wasser!) von ungefähr fünfzehn Minuten kommt man am Siloah-Teich heraus. Die Höhe des Wassers im Tunnel beträgt zwischen 80 und 100 cm. Beim Eingang bekommt man Kerzen, es empfiehlt sich jedoch eine Taschenlampe.

Täglich geöffnet – geringer Eintrittspreis.

5) Die Mauern um die Altstadt

Durch eine Wanderung über die Stadtmauern aus dem 16. Jahrhundert bekommt man eine schöne Übersicht über die verschiedenen Facetten Jerusalems innerhalb der Tore. Zugänge gibt es unter anderem beim Damaskus- und beim Jaffa-Tor. Auch eine Wanderung entlang der Außenseite der Mauer ist interessant, wobei man an manchen Stellen gut die Bauphasen aus verschiedenen Perioden unterscheiden kann.

Für die Wanderung auf der Mauer bezahlt man einen Eintrittspreis. Wegen der manchmal glatten Steine empfiehlt sich gutes Schuhwerk.

6) Der Westhügel

Auf dem Westhügel liegt das Jüdische Viertel mit vielen Resten, die vom 8./7. Jh. v. Chr. bis hin zur byzantinischen Zeit zurückzuverfolgen sind. Aber auch aus späteren Zeiten wie der arabischen Herrscher und der Kreuzfahrer gibt es vieles zu besichtigen.

Ein sehr handlicher und zuverlässiger Führer für die Besichtigung ist das Büchlein *Quartertour Jerusalem; Walking Tours of the Jewish Quarter,* in welchem man übersichtliche Karten und historische und archäologische Informationen findet.

Die Wanderungen führen unter anderem entlang des schön restaurierten Cardo Maximus, der Stadtmauern aus der Späten Eisenzeit (8./7. Jh. v. Chr.) und derer aus der Zeit der Makkabäer; schließlich entlang der Reste der Neakirche einschließlich der Apsiden und Gewölbe.

Oft sind die Funde in Museen untergebracht, wo eine Erklärung gegeben wird:

- *The Burnt House* – das ausgebrannte Haus am Ende des Cardo; Eintrittspreis, Diavorstellung, Funde.
- Der *Israelitische Turm* (am Platz bei Bonei Ha-Choma und Plugot Ha-Kotel). Kleiner Eintrittspreis, Erklärung und Funde.
- *Apsis der Neakirche,* bei der südlichen Stadtmauer. Erklärung, Eintritt frei.
- Am großen Platz vor der Hurva-Synagoge ist der Eingang zum *Wohl Archaeological Museum* mit restaurierten herodianischen Häusern: Ein wunderbarer Komplex mit dem großen westlichen Haus und der riesigen Villa, der „Palatial Mansion“, von der Mosaiken und Bäder zu besichtigen sind. Von dieser Villa wurde auch ein Modell ausgestellt. Es gibt Vitrinen mit Funden aus verschiedenen Perioden: Tonarbeiten, Figuren, Sonnenuhren, Tische (Foto 8).
  Täglich geöffnet, Eintrittspreis.

- *Sibenberg House* – Gal'edstraße, in der Nähe der heutigen südlichen Stadtmauer. Das Ehepaar Sibenberg hat mit großer technischer Kenntnis den Raum unter dem Haus freigelegt. Zisternen, Reste von Mauern und unterirdische Gänge wurden zutage gefördert. Jeden Tag um 12 Uhr mittags gibt es eine Diavorstellung und eine Führung.
- Im Zentrum *Rachel Ben Zwi* für das Studium Jerusalems gegenüber dem Israelitischen Turm gibt es ein großes topographisches Modell zur Stadt während der Eisenzeit zu besichtigen. Auf künstlerische Weise sind hier die Fakten, die man zur Stadt in jener Zeit hat, berücksichtigt: Der Standort des Tempels, freigelegte Bestandteile der Davidsstadt, Wasserquellen und Teiche. Als Bildungseinrichtung speziell für Jugendgruppen, aber auch für andere Interessenten wichtig.
  Täglich geöffnet, Eintrittspreis, Rundführung mit Dias für Einzelbesucher um 12 und 16 Uhr.

7) Die Zitadelle

In der Zitadelle beim Jaffa-Tor ist seit 1989 ein Museum zur Geschichte Jerusalems untergebracht. Entlang schöner Modelle der Stadt aus den verschiedenen Zeitabschnitten führt eine Route durch die Räume der Zitadelle, in der mit viel Phantasie und Kenntnis wichtige Momente aus der bewegten Geschichte Jerusalems dargestellt sind. An der Zitadelle selbst und an den Ausgrabungen, die im Innenhof durchgeführt wurden, ist die komplizierte Baugeschichte Jerusalems abzulesen. Es gibt Spuren hasmonäischer und herodianischer Bauten wie den Phasael-Turm; auch findet man Bauten aus der Zeit der Kreuzfahrer und Türken.

Die Mauerreste in der Zitadelle bilden den Hintergrund für ein Spiel von Licht und Geräuschen zur Stadtgeschichte, das abends aufgeführt wird. Man achte hierbei auf die Anfangszeiten für die verschiedenen Sprachen.

In einem der Räume der Zitadelle steht ein bekanntes Modell zum Jerusalem des 19. Jhs., angefertigt durch den Ungarn Peter Illes. Auch hierzu werden mit Hilfe eines Lichtspiels Erklärungen gegeben.

Für den Besuch des Zitadellen-Museums und für die Hör- und Lichtvorführung kann man kombinierte Eintrittskarten erwerben.

8) Das Damaskus-Tor

Links unter diesem Tor kann man Reste eines römischen Zugangs aus der Zeit des Hadrian (ca. 135 n. Chr.) besichtigen. Über eine alte Ölpresse, die sich im Torgebäude befand, erreicht man einen mit großen

Steinen gepflasterten Platz aus der Zeit nach dem Aufstand Bar Kochbas zwischen 132–135 n. Chr. Von diesem Platz aus verläuft der Weg weiter südlich; vermutlich ist dies der Anfangspunkt des römischen Cardo. Klare Erklärungen. Ein römischer Treppenaufgang führt auf den Mauerweg.

Eintrittspreis.

9) Kloster der Schwestern von Zion

Unter diesem Kloster an der fünften Station der Via Dolorosa sind Pflaster aus römischer Zeit gefunden worden: Der Ecce-Homo-Bogen dort ist ein Triumphbogen aus der Zeit des Hadrian. Unter dem Kloster liegen mit dem Damaskus-Tor vergleichbare Steine und auch ein Teil des Strouthion-Teiches. Über einen jetzt zugeschütteten Tunnel stand dieser mit dem Wassersystem entlang der westlichen Tempelmauer in Verbindung, das aus hasmonäischer oder herodianischer Zeit stammt.

Durch die Lage des Klosters in der dicht besiedelten Stadt ist nur schwer feststellbar, welche Funktion dieser Ort in der spät-herodianischen und römischen Zeit hatte. Man meinte früher, hier den Lithostoton (Joh 19,13) gefunden zu haben.

Täglich geöffnet, Eintritt frei.

II. Museen

Außer den vielen oben genannten Orten gibt es Ausgrabungsfunde in den beiden großen Jerusalemer Museen:

10) Rockefeller-Museum

Dieses Museum liegt im Ostteil Jerusalems gegenüber dem Herodes-Tor. In diesem reich bestückten Museum sind nur einige Funde aus Jerusalem zu besichtigen: irdene Schalen und Töpfe von der Parker-Expedition aus der Frühen Bronzezeit; die Theodotos-Inschrift aus der von Weill gefundenen Synagoge und der von Clermont-Ganneau entdeckte, mit einer Inschrift versehene Stein, auf der den Nicht-Juden der Zugang zum Tempelplatz verboten wurde.

Täglich geöffnet, Eintrittspreis.

11) Israel-Museum

Weil die vielen kleineren Museen und auch das Rockefeller-Museum gemeinsam mit dem Israel-Museum in einer Organisation zusammengeschlossen sind, wandern die Funde öfter von einem zum anderen Gebäude. An Funden aus Jerusalem gibt es u. a. zu sehen:

- Ein proto-ionisches Kapitell aus der Ausgrabung von Kenyon;
- eine Vitrine zur Ausgrabung der Davidsstadt mit einer Inschrift aus dem 7./6. Jh. v. Chr., einer Reihe Bullae, Tonscherben, Pfeilspitzen, Gegenstände aus Knochen, Ständer aus Stein, Wasserkrüge;
- der Glaskrug mit der Aufschrift: „Von Ennion gemacht";
- Eisenwerkzeuge aus dem 8. Jh. v. Chr.;
- Grabfunde von Ketef Hinnom, u. a. die Silberamulette;
- der elfenbeinerne Granatapfel;
- die Inschrift von der Neakirche;
- eine Reihe Ossuarien (Gebeinkästen), die in der Umgebung Jerusalems gefunden wurden;
- bei Ausgrabungen in der Nähe des Tempelberges gefundene Gewichte;
- Sonnenuhren;
- bearbeitete Steinfragmente aus den Hulda-Toren;
- Kopf einer hellenistischen Figur;
- ein Modell des ausgebrannten Hauses („Burnt House").

Nachtrag: Ausgrabungen 1989–1996

(Rainer Riesner)

Sieben Jahre ist eine lange Zeit in der modernen archäologischen Erforschung von Jerusalem. Dieses Nachtragskapitel muß sich auf die Darstellung einiger neuer Funde und Kontroversen beschränken, die für Bibelleser von besonderem Interesse sind. Eine umfassende Synthese von über hundert Jahren Archäologie in der Heiligen Stadt bieten die Beiträge von Benjamin Mazar, Yigal Shiloh, Nahman Avigad, Michael Avi-Yonah, Meir Ben-Dov, Myriam Rosen-Ayalon, Dan Bahat und Hillel Geva in einer großangelegten Enzyklopädie der archäologischen Ausgrabungen im Heiligen Land[1]. Die wichtigsten Funde und Entdeckungen seit der Wiedervereinigung Jerusalems im Jahr 1967 sind in gut lesbaren Artikeln von den jeweiligen Ausgräbern in einem prächtigen Sammelband dokumentiert, den Hillel Geva herausgegeben hat[2]. Eine Synthese der Funde bis 1988 habe ich in deutscher Sprache im „Großen Bibellexikon" gegeben[3]. Dem Jerusalem der Zeit Jesu sind in besonderer Weise zwei Veröffentlichungen von Gerhard Kroll[4] und Bargil Pixner[5] gewidmet. Über die aktuellen Entwicklungen berichten die allgemein verständlichen Zeitschriften „Biblical Archaeology Review" (Washington) und „Biblical Archaeologist" (New York) sowie weniger ausführlich „Die Welt der Bibel" (Stuttgart).

1. Die Wasserversorgungssysteme der vorexilischen Stadt

Die Luther-Übersetzung von 1964 schildert den Handstreich Davids gegen Jerusalem mit den folgenden Worten: „Da sprach David an diesem Tage: Wer die Jebusiter schlägt und durch den Schacht *(tsinnor)* hinauf-

1 In: E. Stern (Hrsg.), *The New Encyclopedia of Archaeological Excavations in the Holy Land*, Bd. II, New York 1993, 698–804.
2 *Ancient Jerusalem Revealed*, Jerusalem 1994.
3 Jerusalem, in: H. Burkhardt u.a., *Das Große Bibellexikon, Bd. II*, Wuppertal – Gießen [2]1990, 661–673.
4 *Auf den Spuren Jesu, Stuttgart* [10]1988.
5 *Wege des Messias und Stätten der Urkirche. Jesus und das Judenchristentum im Licht neuer archäologischer Erkenntnisse* (hrsg. R. Riesner), Gießen [3]1996.

steigt und die Lahmen und Blinden erschlägt, die David verhaßt sind, der soll Hauptmann und Oberster sein. Da stieg Joab, der Sohn des Zeruja, zuerst hinauf und wurde Hauptmann" (2Sam 5,8). Diese Wiedergabe des sehr schwer verständlichen hebräischen Textes entsprach der damaligen archäologischen Mehrheitsmeinung. Die einzige ständig sprudelnde Quelle, der Gihon, lag außerhalb der Stadtmauer der kanaanäischen Stadt. 1867 hatte der englische Offizier Charles Warren den nach ihm benannten Schacht entdeckt, der von der Stadt drinnen bis zu einer Stelle ca. 20 m oberhalb der Gihon-Quelle führte (Abb. 3.6). Man nahm an, daß mit dem hebräischen Wort *tsinnor* der Warren-Schacht gemeint sei. Ihn hätte Davids Feldherr Joab entdeckt und wäre mit einem Stoßtrupp hinaufgestiegen, um die ahnungslose Stadt zu überrumpeln.

Dieser Erklärungsversuch wurde von dem verdienten Ausgräber der Davidsstadt, Yigael Shiloh, abgelehnt, weil kein vergleichbarer Schacht aus einer anderen kanaanäischen Stadt bekannt ist.[6] Es bleibt aber möglich, an dem zuerst von dem französischen Dominikaner-Archäologen Léon-Hugues Vincent vorgeschlagenen Erklärungsversuch festzuhalten.[7] Professor Dan Gill, der die Ausgrabungen in der Davidsstadt als Geologe begleitete, stellte nämlich fest, daß es sich beim Warren-Schacht um keine von Menschenhand geschaffene Anlage handelt.[8] Das ganze Gebiet von Jerusalem besteht aus sehr wasserdurchlässigem Kalkstein. Ähnlich wie in der Schwäbischen Alb gibt es kilometerlange Höhlensysteme unter der Oberfläche. Der Warren-Schacht ist durch Sickerwasser während Tausenden von Jahren entstanden, wie die Ablagerungen an seinen Seitenwänden zeigen. Dieser zur Gihon-Quelle führende Sinkschacht war also zur Zeit der Jebusiter längst vorhanden. Sie vermochten, ihn sich zunutze zu machen, indem sie lediglich in den Oberteil einige Felsstufen schlugen. Inzwischen konnte auch nachgewiesen werden, daß das sonst nur noch in Psalm 42,8 vorkommende Wort *tsinnor* in der dem Hebräischen sehr eng verwandten Sprache von Ugarit tatsächlich einen Wasserschacht bedeutet.[9]

---

6 The Rediscovery of the Ancient Water System Known as „Warren's Shaft", in: H. Geva, *Ancient Jerusalem Revealed*, 46–54.

7 *Jérusalem. Recherches de topographie, d'archéologie et d'histoire, Bd. I,* Paris 1912, 149–156.

8 Subterranean Waterworks of Biblical Jerusalem: Adaption of a Karst System, *Science* 254 (1991), 1467–1471; How They Met – Jerusalem's Underground Water System, *Biblical Archaeology Review* 20/4 (1994), 20–33.64.

9 Vgl. T. Kleven, The use of *snr* in Ugaritic and 2 Samuel v 8: Hebrew usage and comparative philology, *Vetus Testamentum* 44 (1994), 195–204.

Professor Gill war auch imstande, durch seine geologischen Untersuchungen ein weiteres Rätsel der Geschichte Jerusalems zu lösen. Als der Assyrer-König Sanherib gegen Jerusalem rüstete, ergriff König Hiskia eine weitsichtige Vorsichtsmaßnahme (S. 54–55). Er „verschloß die obere Wasserquelle des Gihon und leitete sie westwärts hinunter zur Stadt Davids“ (2Chro 32,20). Diese Ableitung des Gihon zum späteren Teich von Siloah (Joh 9,7) ist als rund 600 m langer unterirdischer Felskanal bis heute begehbar. Eigentlich beträgt die Entfernung zwischen Gihon und Siloah nur ca. 300 m. Aber mehrere Windungen sorgen für eine schwer verständliche Verdoppelung der Strecke. Die Umwege erklären sich daraus, daß Hiskias Arbeiter wiederum einer diesmal waagrecht verlaufenden Wasserader folgten. Auch der Hiskia-Tunnel war also schon vorhanden, sein Verlauf mußte nur nach Siloah hin erweitert und abgeflacht werden. Nur aufgrund des bereits existierenden Felskanals ist auch verständlich, wie die Arbeiter sich laut der Hiskia-Inschrift (S. 55–56) genau in der Mitte treffen konnten. Wäre ein künstlicher Stollen von nur einer Seite vorangetrieben worden, hätte man damals ohne moderne Hilfsmittel auch nicht genügend Luft zum Atmen gehabt.

2. *Kontroversen über den Verlauf der Stadtmauern*

Seit dem Fund der sogenannten „Breiten Mauer“ im Jüdischen Viertel durch Nahman Avigad kann kein Zweifel mehr daran bestehen, daß sich Jerusalem schon in vorexilischer Zeit auf den Westhügel ausgedehnt hatte (S. 52–53). Nach wie vor gibt es aber noch Forscher, die nur einen geringen Teil des Westhügels von einer vorexilischen Mauer umgeben halten.[10] Funde und Erkenntnisse der letzten Jahre geben aber den „Maximalisten“ Recht, die mit einem Mauerverlauf am Rand des Hinnomtales rechnen (4-4). Mehrere Reste vorexilischer Mauern auf dem Gebiet der Zitadelle lassen sich nach Art und Verlauf als nordwestlicher Teil der Stadtmauer deuten.[11] Vor allem aber haben die Ausgrabungen von Bargil Pixner, Doron Chen und Shlomo Margalit auf dem Gelände des Protestantischen Friedhofes auf dem Zionsberg unzweifelhaft Teile einer vorexilischen Stadtbe-

10 Vgl. A.D. Tushingham, The Western Hill of Jerusalem under the Monarchy, *Zeitschrift des Deutschen Palästina-Vereins* 95 (1979), 39–55.

11 Vgl. H. Geva, Excavations at the Citadel of Jerusalem, 1976–1980, in: H. Geva, *Ancient Jerusalem Revealed,* 156–167; R. Sivan – G. Solar, Excavations in the Jerusalem Citadel, aaO., 168–176.

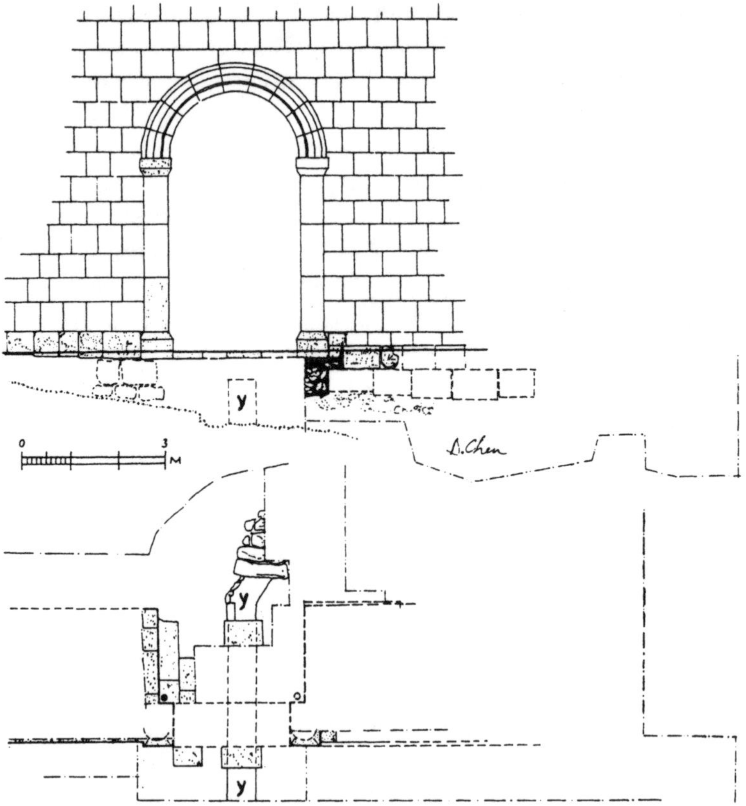

Abb. 12.1
Das Essenertor – Ausgrabung und Rekonstruktion (D. Chen – 1989). Blick von außerhalb des Tores. Y – Abwasserkanal.
Unter dem rechten Flankenstein ist gut das Stückwerk bei der Einfügung des herodianischen Tors in die hasmonäische Mauer zu sehen.

festigung zutage gefördert.[12] Diese Grabung zeigt auch besonders deutlich, daß die hasmonäische Mauer des 2. und 1. Jahrhunderts v. Chr. auf dieser älteren Mauer errichtet wurde. Das macht verständlich, warum Flavius Josephus diese sogenannte „Erste Mauer" Salomo und seinen Nachfolgern zuschreiben konnte (Jüdischer Krieg V, 142ff). Als Anfänger die-

12 Mount Zion: Discovery of Iron Age Fortifications Below the Gate of the Essenes, in: H. Geva, *Ancient Jerusalem Revealed*, 76–81.

ser ersten nachexilischen Mauer auf dem Westhügel kommt eigentlich nur König Hiskia in Frage, denn ohne diesen Schutz wäre die Ableitung des Gihon nach Siloah sinnlos gewesen. In der Tat konnte die Stadt der Belagerung durch Sanherib im Jahr 701 v. Chr. standhalten (2Kö 19). Die ungewöhnlich große Ausweitung des Stadtgebietes läßt sich dadurch erklären, daß Hiskia Flüchtlinge aus dem untergegangenen Nordreich in Jerusalem ansiedelte. Im äußersten Norden der Davidsstadt hat Eilat Mazar wahrscheinlich das „Wassertor" freigelegt, das aus vorexilischer Zeit stammt,[13] obwohl es erst in einer nachexilischen Quelle erwähnt wird (Neh 3,25).

Weitgehend Unsicherheit besteht immer noch über den Verlauf der von Josephus genannten „Zweiten Mauer" (Plan 7), die wahrscheinlich unter Herodes dem Großen errichtet wurde (Jüdischer Krieg V, 146). Es spricht aber viel dafür, daß Nahman Avigad am Nordwestrand des Jüdischen Viertels ihren Ausgangspunkt bei einem Tor (Abb. 4.5) gefunden hat,[14] das Josephus Gennath-Tor nennt (ebd.), weil es zu den großen Gartengebieten im Norden der Stadt hinausführte. Vermutlich durch dieses Tor wurde Jesus zur Hinrichtungsstätte geschleppt (vgl. Mk 15,20–21; Hebr 13,12–13). Durch den Ansatz beim von Avigad angenommenen Tor wird die Annahme von Kathleen M. Kenyon bekräftigt, daß die „Zweite Mauer" am Ostrand des Muristan-Viertels verlief, in dem die Archäologin einen riesigen Steinbruch entdeckt hatte.[15] Durch diesen Verlauf der „Zweiten Mauer" bleibt die Grabeskirche außerhalb der Stadt der Zeit Jesu und kommt deshalb als Ort der Hinrichtungsstätte Golgatha in Betracht. Ob Reste eines offenbar oktogonalen Turms unter dem Westturm des heutigen Damaskus-Tores mit der „Zweiten Mauer" zusammenhängen, läßt sich gegenwärtig nicht entscheiden.[16] Bei den Ausgrabungen auf dem Zionsberg wurden auch die Reste des von Josephus genannten „Tores der Essener" (Jüdischer Krieg V, 145) gefunden.[17] Es wurde offenbar unter dem der jüdischen Sondergruppe wohlwollend gesonnenen König Herodes dem Großen nachträglich in die

13 The Royal Quarter of Biblical Jerusalem, in: H. Geva, *Ancient Jerusalem Revealed,* 64–72.

14 *Discovering Jerusalem,* Nashville 1983, 69.

15 *Digging Up Jerusalem,* London 1974, 226–235.

16 Vgl. M. Magen, Excavations at the Damascus Gate, 1979–1984, in: H. Geva, *Ancient Jerusalem Revealed,* 281–286.

17 Vgl. B. Pixner – D. Chen – S. Margalit, Mount Zion: The „Gate of the Essenes" Re-excavated, *Zeitschrift des Deutschen Palästina-Vereins* 105 (1989), 85–95 und Tafeln 6–16. In dieser Hinsicht ist trotz seines Erscheinungsdatums hoffnungslos veraltet G.J. Wightman, *The Walls of Jerusalem,* Sydney 1993, 141–146.

schon bestehende Hasmonäer-Mauer eingebaut und führte zum Jerusalemer Viertel der Essener.[18] Aufgrund der vorhandenen Überreste war es dem Architekten Doron Chen möglich, zum ersten Mal die Rekonstruktionszeichnung eines Tores der neutestamentlichen Stadtmauer anzufertigen (Abb.12.1).

Ebenfalls umstritten bleibt der Verlauf der sogenannten „Dritten Mauer“ des Josephus (Jüdischer Krieg V 147–152), die unter König Agrippa I. begonnen wurde.[19] Aber auch hier geben die neuesten Ausgrabungen den Maximalisten Recht.[20] Die „Dritte Mauer“ ist mit Mauerstücken zu identifizieren, die rund 500 m nördlich der heutigen türkischen Stadtmauer verlaufen (Plan 7). Es kann sich dabei nicht um die Einkreisungsmauer *(circumvallatio)* des römischen Feldherren Titus handeln (Jüdischer Krieg V, 258ff), weil wir einen sorgfältig ausgeführten Bau aus herodianischen Steinen vor uns haben. Außerdem springen die Türme gegen Norden vor und sind damit nach außerhalb der Stadt gerichtet. Zutreffend ist, daß auf dem Gelände zwischen der heutigen Stadtmauer und der „Dritten Mauer“ so gut wie keine Besiedlungsspuren aus der Zeit vor 70 n.Chr. gefunden wurden. Eine mögliche Erklärung liegt darin, daß die „Dritte Mauer“ die damalige Steinschleudern-Artillerie weit genug vor der besiedelten Stadt aufhalten sollte. In der Tat empfand der damalige Kaiser Claudius den Mauerbau als so bedrohlich, daß er Agrippa die Errichtung einzustellen befahl.[21] Das kann den an manchen Stellen bestehenden Eindruck der Unfertigkeit erklären. Zur Zeit des Ausbruchs des Jüdischen Krieges mag die Bevölkerungszahl Jerusalems über 100 000 Menschen betragen haben.[22]

---

18 Vgl. B. Pixner, Das Essener-Quartier in Jerusalem, in: *Wege des Messias und Stätten der Urkirche,* 180–207; R. Riesner, Das Jerusalemer Essenerviertel und die Urgemeinde, in: W. Haase, *Aufstieg und Niedergang der Römischen Welt, Bd. II 26/2,* Berlin – New York 1995, 1785–1922; O. Betz – R. Riesner, *Jesus, Qumran und der Vatikan. Klarstellungen,* Gießen – Freiburg ^{6}1995, 169–185.

19 Vgl. H. Shanks, The Jerusalem Wall That Shouldn't Be There, *Biblical Archaeology Review* 13/3 (1987), 46–57.

20 Vgl. H. Geva, in: E. Stern, *The New Encyclopedia of Archaeological Excavations in the Holy Land, Bd. II,* 744–745; V. Tsaferis – N. Feig – A. Onn – E. Shukron, Excavations at the Third Wall, North of the Jerusalem Old City, in: H. Geva, *Ancient Jerusalem Revealed,* 287–292.

21 Vgl. R. Riesner, *Die Frühzeit des Apostels Paulus. Studien zur Chronologie, Missionsstrategie und Theologie,* Tübingen 1994, 90.

22 Vgl. W. Reinhardt, The Population Size of Jerusalem and the Numerical Growth of the Jerusalem Church, in: R. Bauckham, *The Book of Acts in Its Palestinian Setting,* Grand Rapids – Carlisle 1995, 237–265.

3. Erkenntnisse und Rekonstruktionen zum Tempel

In manchen christlichen Kreisen erfreuen sich die Überlegungen des israelischen Ingenieurs Asher Kaufman großer Beliebtheit, der den eigentlichen Tempelbau erheblich nördlich des heutigen Felsendomes im Gebiet des sogenannten „Domes der Geister“ lokalisieren will.[23] Aber hier ist vor allem der Wunsch, einen freien Platz für einen künftig wiederzuerrichtenden Tempel zu finden, der Vater des Gedankens. Gegen diese Lokalisierung spricht nicht nur die gesamte jüdische, christliche und islamische Überlieferung, die immer auf den Felsen unter dem Felsendom bezogen war. Der von Kaufman vorgeschlagene Ort wird auch durch die topographischen Gegebenheiten ausgeschlossen. Es handelt sich um ein nach Osten zum Kidron hin abfallendes Tal, das erst durch die gewaltige Erweiterung des Tempelplatzes unter Herodes dem Großen auf das heutige Niveau aufgeschüttet wurde.[24] Es kann heute kein vernünftiger Zweifel mehr daran bestehen, daß der Tempelbau auf jenem vorherodianischen quadratischen Platz lag (Abb. 6.1), den Josephus (Jüdische Altertümer XV, 400) und die Mischna (Middot 2,1) nennen und der sich mit Hilfe baulicher Eigenheiten heute noch feststellen läßt.[25] Wahrscheinlich ist sogar aufgrund von Einkerbungen, die den alttestamentlichen Maßen entsprechen (Ex 25,10), im heiligen Felsen *(es-sachra)* der Standort der Bundeslade auszumachen. Er befindet sich nach der detaillierten Rekonstruktion von Leen Ritmeyer genau in der Mitte des Allerheiligsten.[26]

Das prächtige Äußere des Tempels wird von Josephus und in der rabbinischen Literatur beschrieben, wobei sich einige Probleme ergeben. Joseph Patrich hat aber neuerdings gezeigt, daß es weitgehend möglich ist, die beiden Arten von Quellen zu harmonisieren und zu einer plausiblen Rekonstruktion des Tempelgebäudes zu kommen.[27] Interessant ist, daß

23 Where the Ancient Temple of Jerusalem Stood, *Biblical Archaeology Review* 9/2 (1983), 40–61.

24 Vgl. D. Bahat, Tottering Temple, *Biblical Archaeology Review* 22/2 (1996), 20.

25 Vgl. K. und L. Ritmeyer, Reconstructing Herod's Temple Mount in Jerusalem, *Biblical Archaeology Review* 15/6 (1989), 23–42; L. Ritmeyer, Locating the Original Temple Mount, *Biblical Archaeology Review* 18/2 (1992), 24–45. 64–65 und als deutsche Zusammenfassung J. Ådna, Tempel, in: H. Burkhardt u. a., *Das Große Bibellexikon*, Bd. III, Wuppertal – Gießen ²1990, 1533–1541.

26 The Ark of the Covenant: Where It Stood in Solomon's Temple, *Biblical Archaeology Review* 22/1 (1996), 46-55. 70–73.

27 The Structure of the Second Temple – A New Reconstruction, in: H. Geva, *Ancient Jerusalem Revealed*, 260–271.

einige architektonische Eigenheiten des herodianischen Tempels dem Bauentwurf der Tempelrolle aus der 11. Höhle von Qumran (11QMiqdasch 3–48) entsprechen.[28] Das hat zu der Frage geführt, ob Herodes der Große einen Teil der Essener für seinen gigantischen Tempelumbau gewinnen konnte,[29] mit dem er gewissermaßen messianische Ansprüche anmeldete. Die Zeichenhandlung der sogenannten Tempelreinigung Jesu (Mk 11,15–17) ist nach unseren gegenwärtigen Erkenntnissen am ehesten im Gebiet der sogenannten „Königlichen Halle" (Jüdische Altertümer XI, 411–416) vorzustellen,[30] die als größte Säulenhalle den Tempelplatz nach Süden begrenzte (Abb. 7.2). Die unterirdischen Aufgänge von den Hulda-Toren führen unter der „Königlichen Halle" hindurch, die man offenbar als einen Ort potentieller Unreinheit umgehen sollte. Der begeisterte Ausruf der Jünger: „Sieh, Meister, welche Steine und welch ein Bau", der Anlaß zu einer Zerstörungsprophetie Jesu über den Tempel wurde (Mk 13,1–2), läßt sich jetzt noch besser archäologisch illustrieren. Der größte nun im Tunnel entlang der Westmauer wieder sichtbar gemachte Stein ist 12 m lang und wiegt fast 400 Tonnen.[31]

4. Streit über neutestamentliche Gräber

Für ein historisch zutreffendes Verständnis des Prozesses Jesu hängt ohne Zweifel viel von der richtigen Einschätzung des damals (Mt 26,3.57; Joh 11,49; 18,13ff vgl. Lk 3,2; Apg 4,6) fungierenden Hohenpriesters Kaiphas ab.[32] Groß war deshalb das Interesse, als 1990 weit südlich der Jerusalemer Altstadt in Nord-Talpioth an der Wohl-Promenade eine jüdische Grabanlage entdeckt wurde, in der sich Ossuarien mit dem hebräischen Namen *qajfa'* befanden.[33] Man hat zwar gelegentlich diese Lesung in Frage gestellt,[34] sie wird aber mit guten Gründen

---

28 Vgl. J. Maier, *Die Tempelrolle vom Toten Meer,* München 1978.

29 Vgl. M. Delcor, Is the Temple Scroll a Source for the Herodian Temple?, in: G.J. Brooke, *Temple Scroll Studies,* Sheffield 1989, 67–89.

30 Vgl. J. Ådna, The Attitude of Jesus to the Temple, *Mishkan* 17–18 (1992/93), 65–81.

31 Vgl. D. Bahat, Jerusalem Down Under. Tunneling Along Herod's Temple Mount Wall, *Biblical Archaeology Review* 21/6 (1995), 30–47.

32 Vgl. D. Flusser, ... To Bury Caiaphas, Not to Praise Him, *Jerusalem Perspective* 4/4–5 (1991), 23–28.

33 Vgl. R. Riesner, Wurde das Familiengrab des Hohenpriesters Kajaphas entdeckt?, *Bibel und Kirche* 46 (1991), 82–84.

34 Vgl. W. Horbury, The ‚Caiaphas' Ossuaries and Joseph Caiaphas, *Palestine Exploration Quarterly* 126 (1994), 32–48

von dem Epigraphiker Ronny Reich weiter aufrecht erhalten.[35] Der Ausgräber Zevi Greenhut ist nach wie vor davon überzeugt, daß hier mindestens ein Zweig der hohepriesterlichen Familie bestattet war.[36] Ein Ossuar trägt die Aufschrift „Joseph Sohn des Kajfa". Nach Josephus hieß so der Hohepriester zur Zeit des Prozesses Jesu (Jüdische Altertümer XVIII, 35.95), während das Neue Testament nur seinen gräzisierten Beinamen Kaiphas nennt.

Noch mehr Aufsehen erregte am Osterfest 1996 die Behauptung des englischen Journalisten Chris Mann, in Jerusalem seien die Särge Jesu und seiner Familie gefunden worden.[37] 1980 hatte der Archäologe Joseph Gath in Talpioth ein Grab mit insgesamt neun Ossuarien entdeckt. Es war in früherer Zeit schon einmal ausgeraubt worden, aber auf sechs der Kalksteinsärge konnte man noch die Namen der Beigesetzten lesen. Fünf Namen „Joseph", „Maria", „Matthäus", „Jesus, Sohn des Joseph" und „Judas, Sohn des Jesus" sind in hebräischen Buchstaben geschrieben, der Name „Maria" erscheint auf einem weiteren Ossuar auf Griechisch. Da der Ausgräber bald darauf starb, wurde der Fund nur in einer neuhebräischen Fachzeitschrift kurz angezeigt[38] und blieb entsprechend unbeachtet (s. Abb. 12.3, S. 168). Der Journalist wurde auf die Grabstätte aufmerksam, weil der ehemalige Kurator des Rockefeller-Museums Levi Y. Rahmani inzwischen ein Verzeichnis von Personennamen auf Ossuarien herausgebracht hatte.[39] Der britischen Fernsehgesellschaft BBC war der Fund eine ganze Sendung wert, in der die Behauptung vertreten wurde, hier sei neben Jesus und seinen Eltern auch seine Frau Maria (Magdalena) und mindestens einer ihrer Söhne begraben gewesen. Nichts wäre es also mit den christlichen Überzeugungen von Jungfrauengeburt, Ehelosigkeit und leiblicher Auferstehung Jesu! Wie andere israelische Forscher zeigte sich Rahmani wenig beeindruckt und wies eine Verbindung mit Jesus von Nazareth strikt zurück.[40] Die aufgefundenen Namen sind so häufig, daß sich nicht einmal eine statistische Wahrscheinlichkeit dafür ergibt. In der

35 Ossuary Inscriptions of the Caiaphas Family from Jerusalem, in: H. Geva, *Ancient Jerusalem Revealed*, 223–225.

36 The Caiaphas Tomb in North Talpiot, Jerusalem, in: H. Geva, *Ancient Jerusalem Revealed*, 219–222.

37 Vgl. R. Riesner, Wurden in Jerusalem die Särge Jesu und seiner Familie gefunden?, *Bibel und Kirche* 51 (1996), 46–50.

38 *Hadashot Arkheologiyot* 76 (1981), 24–25.

39 *A Catalogue of Jewish Ossuaries in the Collections of the State of Israel*, Jerusalem 1994, 222–224.

40 Vgl. A. Rabinovich, Bones of Jesus Found? Perhaps, *Jerusalem Post* 4.4.1996, 5.

Tat hat man schon vor Jahrzehnten den Namen „Jesus, Sohn des Joseph" auf einem anderen Ossuar des Rockefeller-Museums gefunden.[41]

Das bekannteste Jerusalemer Grab mit einem Rollstein liegt in der Nähe des King-David-Hotels am Westabhang des Hinnomtales.[42] Es wird als Familiengrab des Herodes bezeichnet, und man kann es als geschichtliche Ironie ansehen (vgl. Mt 2,13ff), daß es meist nur von Christen zur Veranschaulichung der Auferstehung Jesu besucht wird. Das von Herodes für sein Begräbnis bestimmte Mausoleum (Jüdischer Krieg V, 108.507) lag allerdings etwa 300 m nördlich des Damaskus-Tores.[43] Nur noch das kreisförmige Felsfundament und spärliche Reste des typisch römischen Netzmauerwerkes *(opus reticulatum)*, wie es in Palästina offenbar nur bei königlichen Bauten Verwendung fand, sind erhalten geblieben. Nach Form und Ausmaßen wollte der jüdische König ganz offensichtlich das römische Mausoleum seines Gönners Augustus imitieren. Bestattet wurde Herodes allerdings nicht in Jerusalem, sondern im Bereich seiner Festung Herodeion (Jüdische Altertümer XVII, 196–199 / Jüdischer Krieg I, 670–673) bei Bethlehem.[44]

5. Orte der Passion Jesu

Da ich dieses Thema in anderem Zusamenhang ausführlich behandeln möchte, soll hier nur ein sehr geraffter Überblick über den gegenwärtigen Diskussionsstand gegeben werden. Lange Zeit galt die Lage des ersten Zentrums der Jerusalemer Urgemeinde auf dem südwestlichen Altstadthügel von Jerusalem (Abb. 12.2), dem sogenannten Zionsberg, als gesichert.[45] Wie für fast alle Orte der Passion Jesu hat Joan E. Taylor auch hier die Existenz einer zuverlässigen Ortsüberlieferung bestritten.[46] Die Einwände von Frau Taylor sind jedoch nicht stichhaltig, die

41 Vgl. E.L. Sukenik, *Jüdische Gräber um Christi Geburt*, Jerusalem 1931, 19–20.

42 Vgl. R. Riesner, Die Gräber von Herodes dem Großen, *Bibel und Kirche* 41 (1986), 177–178.

43 Vgl. E. Netzer, Remains of an Opus Reticulatum Building in Jerusalem (mit S. Ben-Arieh), *Israel Exploration Journal* 33 (1983), 163–175.

44 Vgl. E. Netzer, Searching for Herod's Tomb, *Biblical Archaeology Review* 9/3 (1983), 31–51.

45 Vgl. G. Kroll, *Auf den Spuren* Jesu, 312–321.

46 *Christians and the Holy Places. The Myth of Jewish Christian Origins*, Oxford 1993, 207–220.

Tradition für das Obergemach der Apostelgeschichte (1,13) führt uns vielmehr in die Zeit vor dem Bar-Kochba-Aufstand (132–135 n. Chr.) zurück.[47] Es gibt weiterhin bedenkenswerte Gründe dafür, in dieser Gegend auch den historischen Abendmahlssaal (Mk 14,12–16) zu lokalisieren.[48] Restaurationsarbeiten am traditionellen Abendmahlssaal haben Mauern aus der Zeit vor den Kreuzfahrern zutage gebracht,[49] aber nur Grabungen unter dem jetzt im Untergeschoß als Synagoge genutzten Gebäude könnten uns in die neutestamentliche Zeit zurückführen.

Die älteste Ortsüberlieferung für den Hohepriesterlichen Palast, in dem Jesus von Kaiphas verhört wurde (Mt 14,53–54.66), führt auf das Gebiet der Assumptionisten-Kirche St. Petrus in Gallicantu.[50] Allerdings ist jüngst bestritten, daß der archäologische Befund dort ausreicht, auch nur die Existenz einer byzantinischen Kirche anzunehmen.[51] Es bleibt zu hoffen, daß Ausgrabungen, die 1994 unter der Leitung von Florentino Diaz begonnen haben, diese und andere Fragen einer Lösung näher bringen. Neuerdings wurde auch die von Nahman Avigad freigelegte prächtige „Palatial Mansion" aus herodianischer Zeit, die teilweise im Wohl Archaeological Museum konserviert ist (S. 98–100), für den Hohepriesterlichen Palast in Anspruch genommen.[52] Auf diese Gegend weist aber die älteste Ortsüberlieferung für das Prätorium des Pilatus (Mk 15,16), das dann nach Josephus (Jüdischer Krieg II, 344) mit dem ehemaligen hasmonäischen Königspalast am Rande der Oberstadt zu identifizieren wäre.[53] Dieser Lösung hat sich auch der anfänglich mit der Ausgrabung des

47 Vgl. R. Riesner, Der christliche Zion: vor- oder nachkonstantinisch?, in: F. Manns – E. Alliata, *Early Christianity in Context: Monuments and Documents* [Festschrift für E. Testa], Jerusalem 1993, 85–90; J. Murphy- O'Connor, The Cenacle – Topographical Setting for Acts 2:44–45, in: R. Bauckham, *The Book of Acts in Its Palestinian Setting*, 303–323.

48 Vgl. B. Pixner, Das letzte Abendmahl Jesu, in: *Wege des Messias und Stätten der Urkirche*, 219–228; R. Riesner, in: W. Haase, *Aufstieg und Niedergang der Römischen Welt, Bd. II 26/2*, 1854–1859.

49 Vgl. E. Alliata, Travaux au Cénacle, *Terre Sainte* 1/1995, 50–51.

50 Vgl. B. Pixner, Wo lag das Haus des Kaiphas?, in: *Wege des Messias und Stätten der Urkirche*, 229–241.

51 Vgl. K. Bieberstein – H. Bloedhorn, *Jerusalem. Grundzüge der Baugeschichte . . ., Bd. II*, Wiesbaden 1994, 284–291.

52 Vgl. A. Rupprecht, The House of Annas-Caiaphas, *Archaeology in the Biblical World* 1/1 (1991), 4–17.

53 Vgl. B. Pixner, Noch einmal das Prätorium? Versuch einer neuen Lösung, *Zeitschrift des Deutschen Palästina-Vereins* 95 (1979), 56–86; Das Prätorium des Pilatus, in: *Wege des Messias und Stätten der Urkirche*, 242–266.

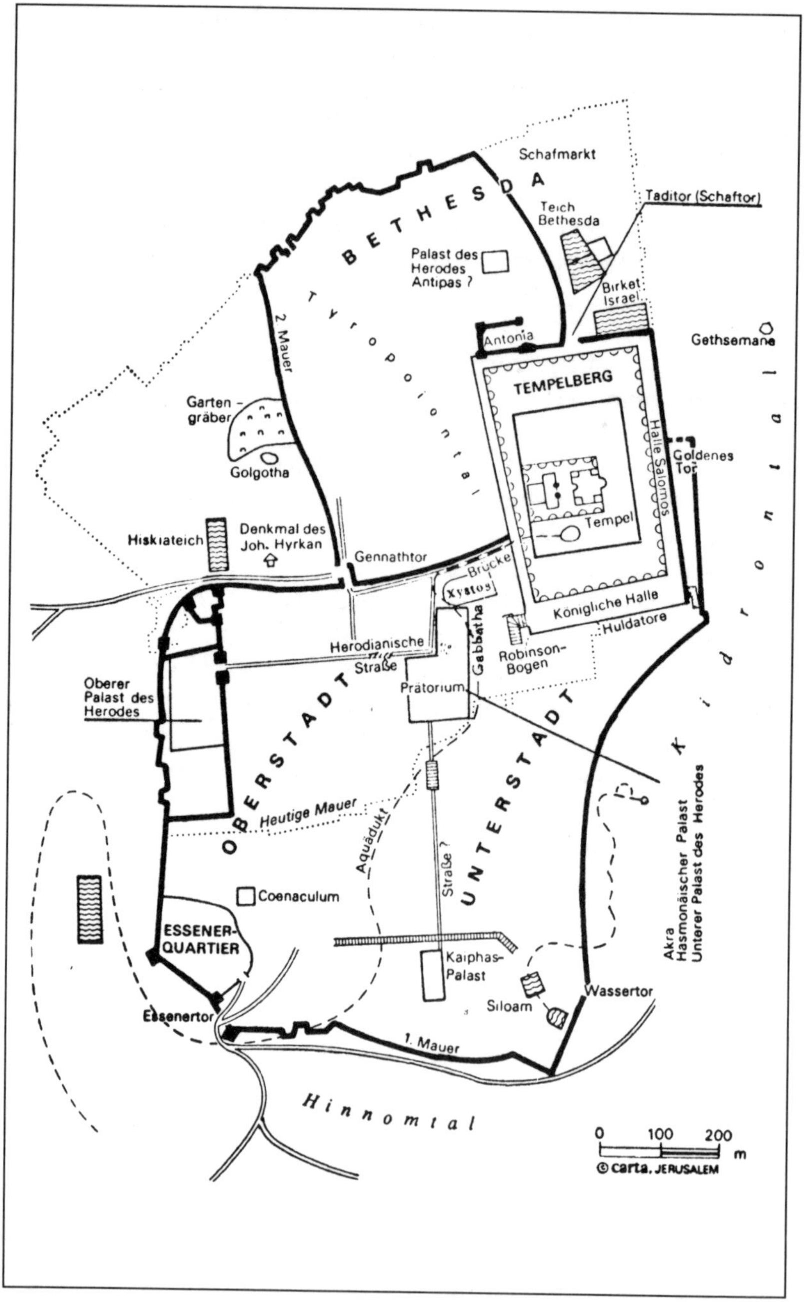

Abb. 12.2 Jerusalem zur Zeit Jesu

Areals beuftragte Archäologe Meir Ben-Dov angeschlossen,[54] und Roland Jaeckle versuchte sie unter Heranziehung römischer Vorschriften über die Anlage eines *praetorium* zu stützen.[55] Die verschiedenen Angaben über den Versammlungsort des Synhedriums (Mk 15,1) in den antiken Quellen sind nicht leicht zu deuten.[56] Nach Josephus könnte der Hohe Rat in der Gegend getagt haben, wo die „Erste Mauer" an die Umfassungsmauer des Tempelplatzes stieß (Jüdischer Krieg V, 144; VI, 354), d.h. im Bereich des Wilsonbogens. Tatsächlich findet man dort im heutigen Untergrund einen ganz außergewöhnlich gestalteten Raum („Masonic Hall" d.h. „Freimaurerhalle") aus hellenistischer Zeit (S. 77–79),[57] der nicht nur den Verfasser an den Tagungsort des Synhedriums denken läßt.[58] Zur Zeit kann das aber nicht mehr als eine Vermutung sein.

Durch die Thesen des Göttinger Theologieprofessors Gerd Lüdemann ist es zu einer erneuten Auseinandersetzung um das leere Grab Jesu (Mk 15,46–47; 16,4–5) gekommen. Entgegen der Behauptung von Lüdemann[59] ist die Tradition für die Hinrichtungs- und Begräbnisstätte Jesu unter der heutigen Grabeskirche keine konstantinische Erfindung, sondern geht ebenfalls schon in die Zeit vor Bar Kochba zurück.[60] Auch eine neue Untersuchung des Legendenkranzes um die Auffindung des Kreuzes durch die Kaisermutter Helena hat als historischen Kern herausgeschält, daß man damals überzeugt war, die richtige Lage der evangelischen Stätten zu kennen.[61] Weil bisher wissenschaftliche Veröffentlichungen fehlen, kann die Behauptung griechischer Forscher nicht überprüft werden, eine auf dem Golgatha-Felsen gefundene Vertiefung und ein antiker Steinring seien direkt mit der Kreuzigung Jesu zu verbinden.[62] Andere Forscher

54 *Jerusalem, Man and Stone*, Jerusalem 1990, 161–164.

55 Das Prätorium des Pilatus in Jerusalem, *Jahrbuch des Deutschen Evangelischen Instituts für Altertumswissenschaft des Heiligen Landes* 2 (1990), 51–72.

56 Vgl. J. Blinzler, *Der Prozeß Jesu*, Regensburg ⁴1969, 168–170.

57 Vgl. D. Bahat, *Biblical Archaeology Review* 21/6 (1995), 36–37.

58 *Biblical Archaeology Review* 22/2 (1996), 20.

59 *Die Auferstehung Jesu. Historie, Erfahrung, Theologie*, Göttingen 1994, 149.

60 Vgl. R. Riesner, Auferstehung, Archäologie und Religionsgeschichte, *Theologische Beiträge* 25 (1994), 319–326.

61 Vgl. S. Borgehammar, *How the Holy Cross Was Found*, Stockholm 1991, und auch G. Kretschmar, Festkalender und Memorialstätten Jerusalems in altkirchlicher Zeit, in: H. Busse – G. Kretschmar, *Jerusalemer Heiligtumstraditionen in altkirchlicher und frühislamischer Zeit*, Wiesbaden 1987, 29–110.

62 Vgl. K.H. Fleckenstein, Wurde die Stelle der Kreuzigung auf dem Golgatha gefunden? [Interview mit dem Architekten Theodoros Mitropoulos], *Betendes Gottesvolk* 165 (1991), 3–5.

denken statt dessen an die Befestigung eines goldenen Votivkreuzes in byzantinischer Zeit.[63] Dagegen legen photographische Vermessungen des traditionellen Grabes unter der mächtigen, jetzt erneuerten Kuppel der Grabeskirche nahe, daß vom ursprünglichen jüdischen Felsengrab mehr erhalten geblieben ist, als bisher angenommen wurde.[64] Insgesamt sprechen die archäologischen Erkenntnisse, die in den letzten drei Jahrzehnten in der Grabeskirche gesammelt werden konnten, eher für die Zuverlässigkeit der Ortsüberlieferung.[65]

Abb. 12.3 (vgl. S. 163)

Links:
Inschrift „Jeschua^{c}, Sohn des Joseph" auf einem Ossuar unbekannter Herkunft, das Eliezer L. Sukenik 1931 veröffentlichte (Abb. nach L. Y. Rahmani).

Rechts:
Schwer leserliche Inschrift „Jeschua^{c}, Sohn des Joseph", die 1980 im Jerusalemer Vorort Ost-Talpioth gefunden wurde (Abb. nach L. Y. Rahmani).

---

63 Vgl. E. Alliata, Nota . . ., *Terra Santa* 1/1993, 16.

64 Vgl. M. Biddle, The Tomb of Christ. Sources, Methods, and a New Approach, in: K. Painter, *Churches Built in Ancient Times,* London 1994, 43–147. Eine aktualisierte deutsche Übersetzung soll in der Reihe „Studien zur Biblischen Archäologie und Zeitgeschichte" erscheinen.

65 Vgl. R. Riesner, Golgotha und die Archäologie, *Bibel und Kirche* 40 (1985), 21–26; Golgatha, in: H. Burkhardt u. a., *Das Große Bibellexikon,* Bd. I, Wuppertal – Gießen ^{2}1990, 480–482; H. Geva, Church of the Holy Sepulcre, in: E. Stern, *The New Encyclopedia of Archaeological Excavations in the Holy Land,* Bd. II, 779–781; J. Patrich, The Early Church of the Holy Sepulchre in the Light of Excavations and Restoration, in: Y. Tsafrir, *Ancient Churches Revealed,* Jerusalem 1993, 101–117. Gegen S. Gibson – J.E. Taylor, *Beneath the Church of the Holy Sepulchre. The Archaeology and Early History of Traditional Golgatha,* London 1994, vgl. J. Murphy-O'Connor, Revue Biblique 103 (1996), 301–303. J.J. Rousseau – R. Arav, Traditional Site of Golgotha, in: *Jesus and His World,* Minneapolis 1995, 112–118, leidet an innerer Widersprüchlichkeit sowie der mangelnden Berücksichtigung wesentlicher archäologischer und historischer Gegebenheiten.

Literatur

(Rainer Riesner)

1. Geschichtsquellen

Baldi, D., Enchiridion Locorum Sanctorum. Documenta S. Evangelii Loca Respicientia, Jerusalem ^{3}1982

Bauernfeind, O. – Michel, O., Flavius Josephus: De Bello Judaico (Griechisch/Deutsch), Bd. I–III, München 1959–1969

Donner, H., Pilgerfahrt ins Heilige Land. Die ältesten Berichte christlicher Palästinapilger (4.–7. Jahrhundert), Stuttgart 1979

Fleckenstein, K.H., Wanderer, kommst du nach Jerusalem. Anekdoten und Geschichten aus der Heiligen Stadt, Freiburg 1990

Maier, P.L., Josephus. Seine Hauptschriften „Die Jüdischen Altertümer" und „Der Jüdische Krieg" [kommentierte Auswahl], Neuhausen–Stuttgart 1994

Röwekamp, G., Egeria: Itinerarium – Reisebericht (Lateinisch/Deutsch), Freiburg 1995

Wilkinson, J., Jerusalem Pilgrims Before the Crusades, Jerusalem 1977

2. Reiseführer

Baedekers Jerusalem, Stuttgart – Freiburg o.J.

DuMont visuell Reiseführer: Heiliges Land, Köln 1995

Fleckenstein, K.H., Israel-ABC, Bad Liebenzell 1996

Geva, H., Biblical Sites in Israel, Jerusalem 1996

Gorys, E., DuMont Kunst-Reiseführer: Das Heilige Land, Köln ^{4}1985

Kroyanker, D., Die Architektur Jerusalems. 3000 Jahre Heilige Stadt, Stuttgart 1994

Mackowski, R.M., Jerusalem – City of Jesus, Grand Rapids 1980

Milner, M. – Salomon, Y., Jerusalem of the Heavens. The Eternal City in Bird's Exe View, Jerusalem 1993

Murphy-O'Connor, J., The Holy Land. An Archaeological Guide from Earliest Times to 1700, Oxford – New York [3]1992

Noort, E., Israel und das westliche Jordanufer. Ein Reiseführer, Neukirchen 1987

Pixner, B., Mit Jesus in Jerusalem, Rosh Pinna 1996 [im Erscheinen]

Potin, J. und J., Cette année à Jérusalem. Guide du voyage en Terre Sainte, Paris 1992

Prag, K., Jerusalem (Blue Guide), London – New York 1989

Röwekamp, G., Israel. Ein Reisebegleiter zu den heiligen Stätten von Judentum, Christentum und Islam, Freiburg 1994

Scheffbuch, B. und W., Israel mit der Bibel entdecken, Neuhausen–Stuttgart 1994

Vilnay, Z., Israel. Kunst- und Reiseführer mit Landeskunde, Stuttgart 1979

Wilmes, H.M., Im Land des Herrn. Führer für Pilger (bearb. J. Grewe), Werl 1981

3. Archäologie und Geschichte

Asali, K.J. (Hrsg.), Jerusalem in History, New York 1990

Avigad, N., Discovering Jerusalem, Nashville 1983

Avigad, N., The Herodian Quarter of Jerusalem, Jerusalem ²1991

Bahat, D., The Illustrated Atlas of Jerusalem (mit C.T. Rubinstein), New York 1990

Ben-Dov, M., The Western Wall, Jerusalem 1983

Ben-Dov, M., In the Shadow of the Temple. The Discovery of Ancient Jerusalem, New York 1985

Ben-Dov, M., Jerusalem, Man and Stone. An Archaeologist's Personal View of His City, Jerusalem 1990

Ben-Dov, M., Jerusalem Through the Ages, Jerusalem 1996

Bieberstein, K. – Bloedhorn, H., Jerusalem: Grundzüge der Baugeschichte vom Chalkolithicum bis zur Frühzeit der osmanischen Herrschaft, Bd. I–III, Wiesbaden 1994

Busink, T.A., Der Tempel von Jerusalem von Salomo bis Herodes, Bd. I–II, Leiden 1970 und 1980

Busse, H. – Kretschmar, G., Jerusalemer Heiligtumstraditionen in altkirchlicher und frühislamischer Zeit, Wiesbaden 1987

Dalman, G., Orte und Wege Jesu, Gütersloh ³1924

Dalman, G., Jerusalem und sein Gelände, Gütersloh 1930

Eckardt, A.L. (Hrsg.), Jerusalem. City of Ages, Lanham 1987

Finegan, J., The Archeology of the New Testament, Princeton 1992

Fritz, V., Die Stadt im alten Israel, München 1990

Genot-Bismuth, J., Jérusalem ressucitée. La Bible hébraïque et l'Evangile de Jean à l'épreuve de l'archéologie nouvelle, Paris 1992

Geva, H. (Hrsg.), Ancient Jerusalem Revealed, Jerusalem 1994

Hengel, M., The ‚Hellenization‘ of Judaea in the First Century after Christ, London – Philadelphia 1989

Heyer, F., Kirchengeschichte des Heiligen Landes, Stuttgart 1984

Jeremias, J., Jerusalem zur Zeit Jesu. Eine kulturgeschichtliche Untersuchung zur neutestamentlichen Zeitgeschichte, Göttingen [3]1969

Kenyon, K.M., Jerusalem. Die Heilige Stadt von David bis zu den Kreuzzügen, Bergisch Gladbach 1968

Kenyon, K.M., Digging Up Jerusalem, London 1974

Kopp, C., Die Heiligen Stätten der Evangelien, Regensburg [2]1964

Kroll, G., Auf den Spuren Jesu, Stuttgart [10]1988

Kuhnen, H.P., Palästina in griechisch-römischer Zeit, München 1990

Mare, W.H., The Archaeology of the Jerusalem Area, Grand Rapids 1987

Margalit, S., Aelia Capitolina, Judaica 45 (1989) 45–56

Mazar, B., Der Berg des Herrn. Neue Ausgrabungen in Jerusalem, Bergisch Gladbach 1979

Monson, J. (Hrsg.), Studienatlas zur Bibel. Historische Geographie der Biblischen Länder, Neuhausen – Stuttgart 1983

Otto, E., Jerusalem. Die Geschichte der Heiligen Stadt von den Anfängen bis zur Kreuzfahrerzeit, Stuttgart 1980

Peters, F.E., Jerusalem. The Holy City in the Eyes of the Chroniclers, Visitors, Pilgrims, and Prophets from the Days of Abraham to the Beginnings of Modern Times, Princeton 1985

Pixner, B., Wege des Messias und Stätten der Urkirche. Jesus und das Judenchristentum im Licht neuer archäologischer Erkenntnisse (hrsg. R. Riesner), Gießen [3]1997

Purvis, J.D., Jerusalem, the Holy City. A Bibliography, Metuchen – London 1988

Riesner, R. – Kohler, O., Jerusalem, in: H. Burkhardt u. a., Das Große Bibellexikon II, Wuppertal – Gießen ²1990, 661–677

Ritmeyer, K. und L., Reconstructing Herod's Temple Mount in Jerusalem, Washington 1989

Schäfer, P., Geschichte der Juden in der Antike. Die Juden Palästinas von Alexander dem Großen bis zur arabischen Eroberung, Stuttgart 1983

Shanks, H., Jerusalem. An Archaeological Biography, Washington 1995

Shiloh, Y., Excavations at the City of David, Jerusalem 1984

Simons, J.J., Jerusalem in the Old Testament. Researches and Theories, Leiden 1952

Strobel, A., Conrad Schick. Ein Leben für Jerusalem, Fürth 1988

Tsafrir, Y. (Hrsg.), Ancient Churches Revealed, Jerusalem 1993

Weippert, H., Palästina in vorhellenistischer Zeit, München 1988

Wightman, G.J., The Walls of Jerusalem. From the Canaanites to the Mamluks, Sydney 1993

Yadin, Y. (Hrsg.), Jerusalem Revealed, Jerusalem 1976

Personen- und Sachregister (in Auswahl)